# Najboljša knjiga za omleto

Popolne tehnike in 100 neustavljivih receptov za vsak obrok

**Martina Bizjak**

© AVTORSKE PRAVICE 2024 VSE PRAVICE PRIDRŽANE

Ta dokument je namenjen zagotavljanju natančnih in zanesljivih informacij o obravnavani temi in vprašanju. Publikacija se prodaja z mislijo, da založniku ni treba opravljati računovodskih, uradno dovoljenih ali kako drugače kvalificiranih storitev. Če je potreben nasvet, pravni ali strokovni, je treba naročiti praktičnega posameznika v tem poklicu.

Na noben način ni zakonito reproducirati, podvajati ali prenašati katerega koli dela tega dokumenta v elektronski ali tiskani obliki. Snemanje te objave je strogo prepovedano in kakršno koli shranjevanje tega dokumenta ni dovoljeno, razen s pisnim dovoljenjem založnika. Vse pravice pridržane.

**Opozorilo Zavrnitev odgovornosti,** informacije v tej knjigi so resnične in popolne, kolikor nam je znano. Vsa priporočila so podana brez garancije s strani avtorja ali objave zgodbe. Avtor in založnik zavračata odgovornost in odgovornost v zvezi z uporabo teh informacij

# Kazalo

UVOD.................................................................8

RECEPTI ZA OMLETO..................................9

1. Paprikina omleta z zelišči.....................9

2. Porova fritaja.......................................12

3. Omleta z gobami in čedarjem..............14

4. Sirna omleta z zelišči...........................16

5. Omleta iz paradižnika in slanine s feto.............19

6. Prosena omleta z nektarinami.............21

7. Omlete s testeninami in mešano zelenjavo.............23

8. Omleta iz špinače in sira z lososom.............26

9. Polnjena omleta...................................28

10. Omlete z bučkami..............................30

11. Omleta z lososom in kumaro..............32

12. Gobova omleta s paradižnikom..........34

13. Fritata s šunko in rukolo....................36

14. Quiche s kozjim sirom iz bučk............38

15. Tortilja s papriko in krompirjem.........40

16. Omleta Caprese.................................43

17. Omleta iz keto sira............................45

18. Omleta za zajtrk................................47

19. Sirna omleta z zelišči.........................49

20. Omleta s sirom..................................51

21. Fritata s šunko in feto.......................53

22. Tortilja s špinačo.................................................55

23. Omleta s čebulo in olivami.............................57

24. Španska krompirjeva tortilja.........................59

25. Omleta polnjena s feto..................................62

26. Kuskus solata z jagodami..............................64

27. Omleta iz morskih alg...................................67

28. Omleta s špinačo in šparglji..........................69

29. Omleta s slanino............................................72

30. Tortilja iz bučk in paprike.............................74

31. Italijanska omleta z grahom..........................77

32. Krompirjeva omleta na španski način............79

33. Omleta s sirom..............................................81

34. Paradižnikova omleta z ovčjim sirom.............83

35. Omleta s feto in zelenjavo.............................85

36. Fritata z bučkami...........................................87

37. Omlete s porom in slanino.............................89

38. Omleta z mangom..........................................91

39. Tortilja s papriko in krompirjem....................93

40. Omlete z bučkami..........................................96

41. Omlete z zelenjavo, krutoni in tofujem..........98

42. Prigrizek s šunko in omleto..........................100

43. Zelenjavna omleta........................................102

44. Omlete s sadjem...........................................104

45. Omleta iz jajčevcev.......................................106

46. Omleta z ostrigami.........108

47. Riž z omleto, slanino in cikorijo.........110

48. Omleta s fižolom in šunko.........113

49. omletna rulada.........116

50. Svinjska omleta.........118

51. Omleta iz riža in mesa.........120

52. Cvetačna omleta.........122

53. Omleta z rikoto in parmezanom.........124

54. Krompirjeva omleta.........126

55. Omleta s sirom in sojino omako.........128

56. Puranja rulada, omleta in špinača.........130

57. Omleta s slanino, krompirjem in šparglji.........133

58. Omleta s krutoni in fižolovimi kalčki.........135

59. Omleta z brokolijem, šunko in krutoni.........137

60. Svinjski kotlet z omleto, rižem in koruzo.........139

61. Francoska omleta.........142

62. Omleta s krompirjem, šparglji in sirom.........144

63. Omleta s krompirjem, šparglji in sirom.........146

64. Omleta s tofujem.........148

65. Goveja omleta.........150

66. Omleta s piščančjimi jetri.........152

67. Omleta s kozicami in gobami.........154

68. Tortilja z omleto.........156

70. Omleta s salamo in čebulo.........158

71. Goveja omleta................................................160

72. Omleta s sirom in brokolijem................................162

73. Omleta v kruhu s slanino in zelišči........................164

74. omleta s smrčki in špinačo.................................166

75. omleta s kozicami in gobami...............................168

76. Maroška omleta............................................171

77. Omleta iz kozjega sira z baziliko.........................173

78. Omleta iz divjega česna...................................175

79. Omleta s šunko in sirom...................................177

80. Domača omleta.............................................179

81. Krompirjeva omleta s sirom................................181

82. omleta z lisičkami........................................183

83. Omleta s kozicami.........................................185

84. Omleta polnjena s feto....................................187

85. Omleta s sadjem...........................................189

86. Omleta s špageti..........................................191

87. Zeliščna omleta...........................................193

88. Vrtne sveže omlete........................................195

89. Avokadov toast in omleta..................................198

90. Omleta iz bučk z zelišči..................................200

91. Polnozrnat kruh z omleto in pečenim fižolom...............202

92. Omleta iz špargljev in šunke s krompirjem in peteršiljem
................................................................204

93. Omleta iz kozjega sira z rukolo in paradižnikom...........207

94. Sirna omleta z zelišči....................................209

95. Tunina omleta................................................211

96. Omleta z mesno štruco.....................................213

97. Zdrava omleta..............................................215

98. Pica omleta................................................217

99. Omleta z jabolki in slanino...............................219

100. Veganska omleta..........................................221

ZAKLJUČEK.....................................................223

# UVOD

Kdo je vedel, da lahko nekaj tako preprostega, kot je omleta, odpre vrata neskončni kulinarični ustvarjalnosti? Ne glede na to, ali ste začetnik v kuhinji ali izkušen domači kuhar, so omlete popolno platno za raziskovanje okusov, tekstur in sestavin.

Ta vodnik je zasnovan tako, da vas popelje od osnov razbijanja jajc do mojstrstva ustvarjanja omlet restavracijske kakovosti v lastni kuhinji. Od klasičnih francoskih omlet do krepkih polnjenih kreacij boste našli recepte za vsak okus in priložnost.

Odkrijte nasvete za doseganje popolnega flip-a, trike za lahke in puhaste teksture ter ideje za neskončne kombinacije nadevov, ki bodo to skromno jed povzdignili v nove višine. Zajtrk, kosilo, večerja ali celo polnočni prigrizek – vedno je omleta, ki čaka, da bo pripravljena.

Začnimo pokati in skupaj pripravimo jajčne kreacije!

# RECEPTI ZA OMLETO

1. Paprikina omleta z zelišči

- Priprava: 10 min
- kuhanje v 20 min
- porcije 2

**sestavine**

- 4 jajca
- sol
- poper
- 2 pesti mešanice zelišč (npr. bazilika, peteršilj, timijan, koper)

- 100 g čičerike (kozarec; odcejena teža)
- 1 rdeča ali zelena paprika
- 1 rumena paprika
- 2 žlici olivnega olja
- 75 g pekorina ali drugega trdega sira

**Pripravljalni koraki**

1. Jajca stepemo, začinimo s soljo in poprom ter dobro stepemo. Zelišča operite, otresite do suhega in polovico sesekljajte. Sesekljana zelišča dodajte jajčni mešanici.
2. Čičeriko odcedimo, oplaknemo in dobro odcedimo. Papriko očistimo, operemo, razpolovimo in narežemo na trakove. V ponvi segrejemo 1 žlico olivnega olja, dodamo čičeriko in lističe paprike ter na zmernem ognju med obračanjem pražimo 3-5 minut. Solimo in popramo ter odstavimo. Pekorino drobno naribamo.
3. V drugi majhni ponvi segrejte $\frac{1}{2}$ žlice oljčnega olja. Dodamo polovico jajčne zmesi in prekrijemo celotno dno pekača. Pokrijte in pustite stati na majhnem ognju približno 5-7 minut. Na eno stran omlete položite polovico zelenjave in polovico sira. Omleto zložimo in

položimo na krožnik. Enako storite z drugo omleto.

4. Preostala zelišča grobo osmukamo in porazdelimo po omletah. Postrezite takoj.

## 2. Porova fritaja

- Priprava: 15 minut
- kuhanje v 25 min
- porcije 4

**sestavina**

- ½ mlade čebule
- 1 pest svežih zelišč (npr. koper, peteršilj, koriander)
- 2 žlici olivnega olja
- 8 jajc
- 50 ml stepene smetane
- 20 g parmezana (1 kos)
- sol

- poper
- 50 g rukole

### Pripravljalni koraki

1. Mlado čebulo očistimo in operemo ter narežemo na diagonalne trakove. Zelišča operite, otresite do suhega, osmukajte in grobo sesekljajte.

2. V veliki ponvi proti prijemanju (ali dveh manjših ponvah) segrejte olje in v 3-4 minutah prepražite mlado čebulo, da postekleni. Parmezan drobno naribamo. Jajca stepemo s smetano, zelišči in parmezanom. Začinimo s soljo in poprom. Prelijemo čez mlado čebulo, na kratko premešamo in pustimo stati na majhnem ognju pribl. 10 minut (ne mešajte več). Ko se spodnja stran zapeče, z lopatko razrežemo na 4 dele. Na drugi strani pečemo 2-3 minute do zlato rjave barve.

3. Rukolo operemo in otresemo do suhega. Fritato postrežemo prelito z rukolo in po želji posuto s parmezanom.

## 3. Omleta z gobami in čedarjem

- Priprava: 25 min
- porcije 4

**sestavine**

- 300 g rjavih gob
- 1 šalotka
- 2 žlici olivnega olja
- sol
- poper
- 8 jajc
- 100 ml mleka (3,5% maščobe)
- 1 ščepec kurkume v prahu
- 90 sira cheddar (3 rezine)
- 10 g čemaža (0,5 šopka)

## Pripravljalni koraki

1. Gobe očistimo in narežemo na rezine. Šalotko olupimo in na drobno narežemo. V ponvi segrejte 1 žlico olivnega olja. Dodamo gobe in šalotko ter pražimo 3-4 minute na zmernem ognju. Začinite s soljo in poprom, odstranite iz ponve in odstavite.

2. Jajca stepemo z mlekom. Začinite z 1 ščepcem kurkume, soljo in poprom. Premazan pekač premažite z malo olja, dodajte 1/4 jajčne mešanice in zavrtite, da se enakomerno porazdeli. Na vrh položimo 1/4 popraženih gob. Omleto kuhamo na srednjem ognju 2-3 minute in pustimo, da rahlo porjavi.

3. 1/4 čedarja natrgamo na koščke, z njim oblijemo omleto, zdrsnemo iz pekača in postavimo na toplo v predhodno ogreto pečico na 80 °C. S preostankom jajčne mešanice, preostalimi gobami in čedarjem spečemo 3 več omlet na enak način in jih hranite na toplem.

4. Čebuliček operemo, otresemo do suhega in osmukamo liste. Omlete okrasite s poprom in konicami čebulice ter postrezite.

## 4. Sirna omleta z zelišči

- Priprava: 5 min
- kuhanje v 20 min
- porcije 4

**sestavine**

- 3 stebla čebulice
- 3 stebla bazilike
- 20 g parmezana
- 1 šalotka
- 8 jajc
- 2 žlici creme fraiche sira
- 1 žlica masla
- 150 g ovčjega sira

- sol
- poper

**Pripravljalni koraki**

1. Čebuliček in baziliko operemo, otresemo do suhega in grobo sesekljamo. Naribamo parmezan. Šalotko olupimo in na drobno narežemo. Jajca stepemo s kremo, parmezanom, krebuljico in polovico bazilike.
2. V ponvi stopimo maslo, na njem prepražimo šalotko, prilijemo jajca in čez nadrobimo feto. Pečemo v predhodno ogreti pečici na 200° približno 10 minut do zlato rjave barve.
3. Vzamemo iz pečice, začinimo s soljo, poprom in postrežemo potreseno s preostalo baziliko.

## 5. Omleta iz paradižnika in slanine s feto

- Priprava: 15 minut
- porcije 2

**sestavine**

- 8 češnjevih paradižnikov
- 1 rdeča čili paprika
- 50 g tanko narezane slanine za zajtrk
- 5 jajc
- 100 ml mleka brez laktoze 1,5% maščobe
- sol
- poper

- 100 g pastirskega sira
- 2 žlici masla
- 1 pest bazilike

**Pripravljalni koraki**

1. Paradižnike operemo in razpolovimo. Čili operemo, prerežemo na pol, odstranimo sredico in narežemo na zelo ozke trakove. Slanino narežemo na približno 4 cm široke trakove. Jajca stepemo z mlekom, začinimo s soljo in poprom. Pasji sir osušimo in narežemo na kocke.
2. V nepregorni ponvi prepražimo polovico slanine, dodamo 1 žličko masla in stopimo. Prelijemo s polovico jajčne zmesi in ko je še mehka dodamo polovico paradižnika in lističe čilija. Potresemo s polovično količino sira in baziliko ter pustimo, da se jajce strdi.
3. Omleto preložimo na krožnik in postrežemo.
4. Preostale sestavine predelajte v drugo omleto.

## 6. Prosena omleta z nektarinami

- Priprava: 20 min
- kuhanje v 40 min
- porcije 2

**sestavine**

- 40 g prosa
- 2 jajci (m)
- 10 g celega trsnega sladkorja (2 čajni žlički)
- 1 ščepec soli
- 150 g vanilijevega jogurta (3,5% maščobe)
- 2 žlici breskove kaše
- 250 g nektarin (2 nektarine)
- 2 žlici sončničnega olja

**Pripravljalni koraki**

1. Zavremo 75 ml vode, vanjo stresemo proso in premešamo. Ogenj takoj zmanjšamo in proso med večkratnim mešanjem pokrito kuhamo na najnižjem ognju 7 minut. Ponev odstavimo z ognja in zrna pokrijemo še 12 minut. Naj se ohladi.
2. V skledo damo jajca, sladkor in ščepec soli ter stepamo z metlico. Ohlajenemu primešamo proso.
3. Vanilijev jogurt in breskovo kašo dajte v skledo in premešajte, dokler ni gladka.
4. Nektarine operemo, osušimo, prerežemo na pol in izkoščičimo. Meso narežite na tanke rezine.
5. V premazani posodi segrejemo olje. Vlijemo proseno testo in pečemo približno 4 minute na zmernem ognju. Omleto obrnemo in pečemo še drugo stran 4-5 minut do zlato rjave barve.
6. Proseno omleto razporedite z breskovim jogurtom in rezinami nektarin ter postrezite.

## 7. Omlete s testeninami in mešano zelenjavo

- Priprava: 30 min
- kuhanje v 1 uri
- porcije 4

**sestavine**

- 150 g zamrznjenega graha
- 1 kos rdeče paprike
- 150 g koruze (odcejena teža; konzerva)
- 350 g polnozrnatih peresnikov
- sol
- 1 šalotka

- 1 strok česna
- olivno olje
- 20 g parmezana (1 kos)
- 5 g peteršilja (0,25 šopka)
- 100 ml mleka (3,5% maščobe)
- 50 ml stepene smetane

**Pripravljalni koraki**

1. Odmrznite grah. Papriko operemo, prerežemo na pol, odstranimo semena in bele notranje stene ter narežemo na ozke, majhne trakove. Koruzo stresemo v cedilo, splaknemo pod mrzlo vodo in dobro odcedimo.
2. Testenine skuhamo v vreli slani vodi po navodilih na embalaži, jih odcedimo, splaknemo s hladno vodo in dobro odcedimo.
3. Šalotko in česen olupimo in drobno nasekljamo. V visoki ponvi, odporni na pečico, segrejte 2 žlici olja in na srednjem ognju prepražite šalotko in česen, da posteklenita. Dodamo zelenjavo, jo na kratko prepražimo in primešamo testenine. Parmezan drobno naribamo. Peteršilj operemo, otresemo in grobo sesekljamo. Jajca stepemo z mlekom, smetano in sirom, začinimo s soljo in poprom, vmešamo peteršilj in prelijemo čez mešanico

testenin. Pustimo, da se na kratko strdi in pečemo v predhodno ogreti pečici na 200 °C 10-15 minut do konca. Odstranite, obrnite in postrezite narezano na kose.

## 8. Omleta iz špinače in sira z lososom

- Priprava: 20 min
- kuhanje v 45 min
- porcije 2

**sestavine**

- 1 majhna čebula
- 200 g fileja lososa
- 200 g mocarele
- 200 g špinače
- 5 jajc
- 2 žlici mleka
- 1 žlička masla
- sol
- poper

**Pripravljalni koraki**

1. Čebulo olupimo in narežemo na drobne kose. Lososa operemo, osušimo in sesekljamo ali narežemo na kocke. Mocarelo narežemo na rezine. Špinačo operemo in otresemo do suhega.
2. V skledi stepemo jajca in mleko. V ponvi segrejemo maslo in na zmernem ognju 2 minuti pražimo čebulo. Prilijemo jajca, začinimo s soljo in poprom ter na vrh položimo špinačo, lososa in mocarelo.
3. Vse skupaj pečemo v predhodno ogreti pečici na 180 °C približno 20-25 minut, dokler jajček ni pečen in zmes čvrsta.

## 9. Polnjena omleta

- Priprava: 20 min
- kuhanje v 35 min
- porcije 4

**sestavine**

- 40 g rukole (1 pest)
- 300 g češnjevih paradižnikov
- 10 g drobnjaka (0,5 šopka)
- 8 jajc
- 4 žlice gazirane mineralne vode
- sol
- poper
- muškatni oreček

- 4 žličke sončničnega olja
- 150 g zrnatega kremnega sira

**Pripravljalni koraki**

1. Rukolo operemo in posušimo. Paradižnik operemo in prerežemo na pol. Drobnjak operemo, otresemo in narežemo na kolute.
2. Jajca stepemo z vodo in drobnjakom ter začinimo s soljo, poprom in sveže naribanim muškatnim oreščkom.
3. V ponvi proti prijemanju segrejte 1 čajno žličko sončničnega olja in dodajte 1/4 jajčnega mleka. Pražimo 2 minuti na zmernem ognju, obrnemo in kuhamo še v 2 minutah. Odstranite in hranite na toplem v predhodno ogreti pečici na 80 °C. Na ta način specite še 3 omlete.
4. Omlete položimo na 4 krožnike in jih napolnimo s kremnim sirom, paradižnikom in rukolo. Začinite s soljo in poprom ter stepite.

## 10. Omlete z bučkami

- Priprava: 25 min
- porcije 4

**sestavine**

- 10 jajc
- 50 ml ovsenega napitka (ovseno mleko)
- 2 žlici sveže narezane bazilike
- sol
- poper
- 2 bučki
- 250 g češnjevih paradižnikov

- 2 žlici olivnega olja

**Pripravljalni koraki**

1. Jajca stepemo z ovsenim napitkom in baziliko. Začinimo s soljo in poprom.
2. Bučko operemo, očistimo in narežemo na koščke. Paradižnike operemo in razpolovimo. Zelenjavo narahlo premešamo, začinimo s soljo, poprom in pražimo vsako 1/4 minute na malo vročega olja. Čez vsako prelijemo 1/4 jajc, premešamo in pražimo 4-5 minut, da zlato rjavo zapečejo in pustimo, da se strdi. Tako spečemo vse 4 omlete in postrežemo.

## 11. Omleta z lososom in kumaro

- Priprava: 10 min
- kuhanje v 22 min
- porcije 4

**sestavine**

- 120 g rezin dimljenega lososa
- ½ kumare
- 3 stebla peteršilja
- 10 jajc
- 50 ml stepene smetane
- sol
- poper

- 4 žličke repičnega olja

**Pripravljalni koraki**

1. Lososa narežemo na trakove. Kumaro operemo, očistimo in narežemo. Peteršilj operemo, otresemo in drobno sesekljamo.
2. Jajca stepemo s smetano in 2 žlicama peteršilja. Začinimo s soljo in poprom.
3. V vročo, premazano ponev vlijemo 1 čajno žličko olja. Prilijemo 1/4 jajca in pustimo, da se na zmernem ognju počasi strdi 2-3 minute. Zložite in položite na krožnik z nekaj rezinami kumare.
4. Tako spečemo vse štiri omlete, obložimo z lososom in postrežemo posuto s preostalim peteršiljem.

## 12. Gobova omleta s paradižnikom

- Priprava: 20 min
- porcije 4

**sestavine**

- 1 mlada čebula
- 100 g gob
- 1 majhen paradižnik
- 1 žlica repičnega olja
- sol
- poper
- 1 jajce (velikost L)
- 1 žlica gazirane mineralne vode
- 45 g polnozrnatega toasta (1,5 rezine)

**Pripravljalni koraki**

1. Mlado čebulo operemo in očistimo ter narežemo na drobne kolobarje. Gobe očistimo, očistimo s ščetko in narežemo na rezine.
2. Paradižnik operemo, odstranimo pecelj in narežemo na rezine.
3. V premazani posodi segrejemo olje. Na njem na zmernem ognju prepražimo mlado čebulo in gobe. Solimo in popramo ter pražimo še 3-4 minute, ob pogostem obračanju na zmernem ognju.
4. V manjšo skledo damo jajce s ščepcem soli in mineralno vodo ter stepamo z metlico.
5. Zelenjavo v ponvi prelijemo s stepenim jajcem in pustimo 3-4 minute.
6. Vmes popečemo kruh in nanj obložimo rezine paradižnika. Omleto preložimo iz ponve na kruh in postrežemo.

## 13. Fritata s šunko in rukolo

- Priprava: 20 min
- kuhanje v 35 min
- porcije 4

**sestavine**

- 90 g surove šunke (6 rezin)
- 80 g rukole (1 šopek)
- 20 g parmezana (1 kos)
- 10 jajc
- 200 ml mleka (1,5% maščobe)
- sol
- poper
- 50 g kisle smetane
- 5 g masla (1 čajna žlička)

**Pripravljalni koraki**

1. Rezine šunke na četrtine. Rukolo operemo in posušimo. Parmezan naribamo in odstavimo 1 žličko.
2. Jajca stepemo z mlekom ter začinimo s soljo in poprom. Vmešamo kislo smetano in parmezan.
3. V veliki ponvi, odporni na pečico, segrejte maslo. Dodamo 1/3 jajčne zmesi in pokrijemo s polovico šunke in rukole. Na vrh damo še 1/3 jajčne zmesi, prekrijemo s preostalo šunko in rukolo ter zaključimo s preostalo jajčno zmesjo.
4. Fritato pustimo stati v predhodno ogreti pečici na 200 °C približno 12-15 minut.
5. Fritato narežite na kose, razdelite na 4 krožnike in potresite s preostankom parmezana, ki ste ga odstavili.

## 14. Quiche s kozjim sirom iz bučk

- Priprava: 30 min
- kuhanje v 50 min
- porcije 4

**sestavine**

- 2 bučki
- 8 jajc
- 150 ml stepene smetane z najmanj 30% maščobe
- sol
- Poper iz mlina

- muškatni orešček
- 2 žlici olivnega olja
- 1 strok česna
- 150 g kozjega sira

**Pripravljalni koraki**

1. Pečico segrejte na 200 °C zgornji in spodnji gretje. Bučke operemo in očistimo ter narežemo na tanke rezine. Jajca stepemo s smetano in začinimo s soljo, poprom in muškatnim oreščkom.
2. V ponvi segrejemo olje in na njem popečemo rezine bučk, ki jih občasno obrnemo. Olupite in stisnite česen. Prilijemo jajčno smetano, jo enakomerno porazdelimo in pustimo na kratko strditi.
3. Kozji sir po dolgem razpolovimo in narežemo na tanke rezine. To namažemo na fritajo in pečemo v ogreti pečici približno 10 minut, da zlato zarumeni. Postrežemo narezano na kose.

## 15. Tortilja s papriko in krompirjem

- Priprava: 30 min
- kuhanje v 45 min
- porcije 4

**sestavine**

- 700 g mokastega krompirja
- sol
- 1 rdeča paprika
- 2 paradižnika
- 1 čebula
- 1 strok česna
- 2 žlici olivnega olja

- poper
- 8 jajc
- 4 žlice mleka (1,5% maščobe)
- 2 veji timijana
- 20 g parmezana (1 kos)

**Pripravljalni koraki**

1. Krompir operemo in kuhamo v osoljeni vreli vodi približno 20 minut.
2. Vmes operemo in očistimo papriko ter narežemo na trakove. Paradižnik operemo in narežemo na kolesca. Čebulo in česen olupimo in drobno sesekljamo.
3. Krompir odcedimo, pustimo, da odpari, ga olupimo in narežemo na grižljaje.
4. V ognjevarni ponvi segrejte olivno olje. V njem na zmernem ognju približno 5 minut med občasnim mešanjem pražimo kocke krompirja. Dodamo papriko, čebulo in česen, začinimo s soljo in poprom ter pražimo še 2 minuti. Previdno vmešajte rezine paradižnika.
5. Jajca in mleko penasto umešamo, solimo, popramo in vlijemo v ponev. Z obračanjem in nagibom ponve enakomerno razporedite jajčno mleko in pustite 2 minuti, da se strdi.

Pečemo v predhodno ogreti pečici na 180 °C približno 15 minut.

6. Medtem operite timijan, otresite do suhega in osmukajte lističe. Parmezan narežemo. Oboje potresemo po tortilji.

## 16. Omleta Caprese

- Skupni čas: 5 min
- Porcije 2

**Sestavine**

- 2 žlici olivnega olja
- Šest jajc
- 100 g češnjevih paradižnikov, narezanih na polovičke ali na rezine narezanih paradižnikov
- 1 žlica sveže bazilike ali posušene bazilike
- 150 g (325 ml) svežega sira mocarela

- sol in poper

**Priprave**

1. Za mešanje razbijte jajca v skledo in dodajte sol po okusu in črni poper. Z vilicami dobro stepamo, dokler ni vse popolnoma premešano.
2. Dodamo baziliko, nato premešamo. Paradižnik narežemo na polovice ali rezine. Sir sesekljajte ali narežite. V veliki ponvi segrejte olje.
3. Nekaj minut prepražimo paradižnik. Paradižnike prelijemo z jajčno mešanico. Počakajte in dodajte sir, dokler ne postane malo čvrst. Znižajte ogenj in pustite, da se omleta strdi. Takoj postrezite in uživajte!

## 17. Omleta iz keto sira

- Skupni čas: 15 minut,
- Porcije 2

**Sestavine**

- 75 g masla
- Šest jajc
- 200 g naribanega čedar sira
- Sol in črni poper mleti po okusu

**Priprave**

1. Jajca stepamo do mehkega in rahlo penastega. Dodamo polovico naribanega

čedar sira in premešamo. Sol in poper po okusu.

2. V vroči ponvi raztopimo maslo. Prelijemo z jajčno mešanico in pustimo stati nekaj minut. Znižajte ogenj in nadaljujte s kuhanjem, dokler ni jajčna mešanica skoraj pripravljena.

3. Dodamo še preostali nariban sir. Zložite in takoj postrezite. Okusite svojo kreacijo z zelišči, sesekljano zelenjavo ali celo mehiško omako.

4. In ne oklevajte, da tortiljo skuhate z oljčnim oljem ali kokosovim oljem, da bo imela drugačen profil okusa.

## 18. Omleta za zajtrk

- Skupni čas: 10,
- Obroki: 2

**Sestavine:**

- 2 jajci
- 3 beljaki
- 1 žlica vode
- 1/2 čajne žličke oljčnega olja
- 1/4 čajne žličke soli
- ¼ čajne žličke mletega popra

**Priprava:**

1. V skledi penasto stepite jajca, beljake, sol, poper in vodo.
2. V ponvi na srednjem ognju segrejte polovico olja. Vlijemo polovico jajčne mešanice.
3. Kuhajte nekaj minut, občasno pa z lopatko dvignite robove. Zložite na polovico.
4. Ogenj zmanjšajte in kuhajte še minuto. Postopek ponovimo za preostalo jajčno mešanico.

## 19. Sirna omleta z zelišči

- skupni čas 20 minut,
- porcije 4

**sestavine**

- 3 stebla čebulice
- 3 stebla bazilike
- 20 g parmezana
- 1 šalotka
- 8 jajc
- 2 žlici creme fraiche sira
- 1 žlica masla
- 150 g ovčjega sira

- sol
- poper

**Pripravljalni koraki**

1. Čebuliček in baziliko operemo, otresemo do suhega in grobo sesekljamo. Naribamo parmezan. Šalotko olupimo in na drobno narežemo.
2. Jajca stepemo s kremo, parmezanom, krebuljico in polovico bazilike. V ponvi stopimo maslo, na njem prepražimo šalotko, prilijemo jajca in čez nadrobimo feto.
3. Pečemo v predhodno ogreti pečici na 200 °C približno 10 minut do zlato rjave barve. Odstranite iz pečice, začinite s soljo, poprom in postrezite potreseno s preostalo baziliko.

## 20. Omleta s sirom

- Skupni čas 30 minut,
- serviranje 4

**sestavine**

- 10 jajc
- 50 ml stepene smetane
- 100 g naribanega ementalca
- sol
- beli poper
- 250 g gorgonzole
- 4 žlice rastlinskega olja

**Pripravljalni koraki**

1. Jajca stepemo s smetano in ementalcem. Začinite z malo soli in popra.
2. Gorgonzolo narežemo na kocke in odstavimo. V ponvi segrejte 1 žlico olja in dodajte približno 1/4 jajčne zmesi.
3. Pustimo 2 minuti na nizki temperaturi, nato na sredino damo 1/4 gorgonzole in omleto prepognemo na desno in levo.
4. Pražimo še 2 minuti, da gorgonzola postane tekoča in omleta zlato rjava. Tako spečemo vse 4 omlete in postrežemo.

## 21. Fritata s šunko in feto

- Priprava: 20 min
- kuhanje v 34 min
- porcije 4

**sestavine**

- 8 jajc
- 600 g
- kuhan krompir
- 1 koren pora
- 100 g kuhane šunke
- 1 rdeča paprika
- 75 g naribanega pekorina
- sol

- Poper iz mlina
- 2 žlici olivnega olja

**Pripravljalni koraki**

1. Pečico segrejte na 180 °C ventilatorsko pečico.
2. Stepite jajca. Krompir olupimo in narežemo na majhne kocke. Por operemo in očistimo ter narežemo na drobne kolobarje. Šunko narežemo na drobne trakove. Papriko operemo, razpolovimo, odstranimo sredico in narežemo na kocke. Jajca zmešajte s pecorinom, krompirjem, porom, papriko in šunko. Začinimo s soljo in poprom. V pekaču segrejemo olje, dodamo jajčno mešanico, pražimo 1-2 minuti in pečemo v pečici približno 12 minut, da zlato zarumeni.

## 22. Tortilja s špinačo

- Priprava: 25 min
- kuhanje v 40 min
- porcije 4

**sestavine**

- 350 g listov špinače
- sol
- 1 rdeča paprika
- 1 zelenjavna čebula
- 2 stroka česna
- 50 g mandljevih jedrc
- 5 jajc
- 100 ml mineralne vode
- poper

- muškatni orešček
- 15 g gheeja (prečiščeno maslo; 1 žlica)

**Pripravljalni koraki**

1. Špinačo operemo, osušimo, blanširamo v vreli slani vodi 1 minuto. Odlijemo, pogasimo s hladno, dobro izrazimo.
2. Papriko operemo, očistimo in narežemo na kocke.
3. Čebulo in česen olupimo in drobno sesekljamo. Mandlje grobo sesekljajte.
4. Jajca stepemo z mineralno vodo, začinimo s soljo, poprom in sveže naribanim muškatnim oreščkom.
5. V visoki ponvi, odporni na pečico, raztopite ghee. V njem na zmernem ognju 1-2 minuti pražimo čebulo in česen, da posteklenita. Dodamo papriko in špinačo ter ju prelijemo z jajčno mešanico. Dodajte mandlje in jih pustite strjevati 2 minuti.
6. Tortiljo pečemo v predhodno ogreti pečici na 200 °C 10-15 minut do zlato rjave barve.
7. Odstranite in postrezite narezano na kose.

## 23. Omleta s čebulo in olivami

- Priprava: 20 min
- porcije 4

**sestavine**

- 5 velikih jajc
- 5 žlic mleka
- sol
- sveže mlet poper
- 2 žlici naribanega parmezana
- 2 žlici sesekljane bazilike
- 4 žlice drobno narezanih izkoščičenih oliv

- 1 rdeča čebula
- 2 žlici olivnega olja

**Pripravljalni koraki**

1. Jajca zmešamo z mlekom, soljo, poprom, parmezanom in baziliko. Čebulo olupimo in narežemo na drobne trakove.

2. V veliki ponvi rahlo segrejte olivno olje. Na njem nežno prepražimo čebulo in olive. Sol in poper. Vlijemo jajca in jih enakomerno razporedimo po pekaču. Pustimo, da se strdi na blagem ognju. Omleto obrnemo in pustimo, da se strdi tudi druga stran. Postrežemo zvito in mlačno.

## 24. Španska krompirjeva tortilja

- Priprava: 45 min
- porcije 6

**sestavine**

- 800 g pretežno voskastega krompirja
- 2 mladi čebuli
- 1 strok česna
- 3 žlice graha (zamrznjenega)
- 8 jajc
- sol
- kajenski poper

- rastlinsko olje za cvrtje

**Pripravljalni koraki**

1. Krompir olupimo in narežemo na 3 mm debele rezine. Mlado čebulo očistimo in operemo ter narežemo na poševne kolobarje z nežno zeleno. Česen olupimo in narežemo na drobne trakove.

2. V ponvi z visokim robom segrejemo olje do višine 2-3 cm. Dovolj vroče je, ko se iz ročaja lesene žlice, ki ga držite v njej, dvignejo mehurčki.

3. Krompir zdrgnemo s kuhinjsko krpo in položimo na segreto olje. Na zmernem ognju pražimo 7-8 minut, občasno obrnemo.

4. Medtem v veliki skledi rahlo stepemo jajca, vendar jih ne penasto stepamo, vsako začinimo z močnim ščepcem soli in kajenskim poprom.

5. Krompirju dodamo mlado čebulo in po želji česen ter pražimo 2 minuti. Krompir odcedimo skozi cedilo, zberemo olje (lahko ga ponovno uporabimo), dobro odcedimo in posolimo.

6. V ponvi segrejte 2 žlici zbranega olja. Krompir in grah zmešamo s stepenimi jajci,

zmes vlijemo v segreto olje in na močnem ognju pražimo 2 minuti. Odstavimo z ognja, pokrijemo z aluminijasto folijo in pečemo v predhodno ogreti pečici na 200°C cca. 25-30 minut, dokler se celotno jajce ne skuha.

7. Postrezite toplo.

## 25. Omleta polnjena s feto

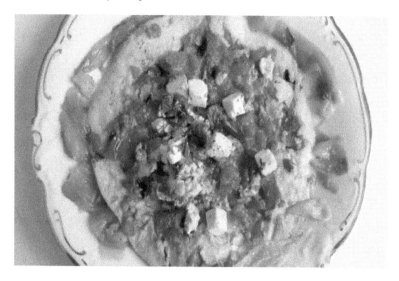

- Priprava: 40 min
- porcije 2

**sestavine**

- 1 šalotka
- 4 jajca
- sol
- poper iz mlinčka
- 4 žlice creme fraiche sira
- 2 žlički gorčice
- 2 žlički limoninega soka
- 2 žlici drobno sesekljane bazilike
- 2 žlici masla

- 100 g
- feta
- bazilika

**Pripravljalni koraki**

1. Šalotko olupimo in drobno sesekljamo. Ločite jajca. Iz beljakov s ščepcem soli stepemo čvrst sneg. Rumenjake stepemo z 2 žlicama creme fraiche, gorčico, limoninim sokom in drobno sesekljano baziliko. Začinimo s soljo in poprom, vmešamo beljakov sneg.

2. V neoprijemljivi ponvi raztopimo polovico masla. Dodamo polovico šalotke in jo podušimo. Dodajte polovico mešanice za omleto in kuhajte 6-8 minut, dokler ni spodnja stran zlato rjava, površina pa se med pokrivanjem ponve zgosti. Nato ponev odstavimo s štedilnika.

3. Na omleto namažemo 1 žlico creme fraiche in obložimo s polovico nadrobljene fete, začinimo s soljo in poprom ter omleto prepognemo s pomočjo lopatice.

4. Na enak način spečemo drugo omleto (lahko v drugi ponvi).

5. Omlete naložimo na krožnike in postrežemo okrašene z baziliko.

## 26. Kuskus solata z jagodami

- Priprava: 35 min
- porcije 4

**sestavine**

- 250 g polnozrnatega kuskusa (instant)
- 40 g rozin
- sol
- 150 g svilenega tofuja
- 1 žlica sojinega napitka (sojino mleko)
- 1 žlička kvasnih kosmičev
- 1 žlica čičerikine moke
- 1 žlička tahinija
- 1 ščepec kurkume
- 4 žlice oljčnega olja
- 150 g jagod

- 40 g rukole (1 pest)
- 1 stebelna meta
- 2 žlici limetinega soka
- 1 žlička medu
- poper
- 1 žlica naribanih mandljev

## Pripravljalni koraki

1. Kuskus zmešamo z rozinami in skuhamo v slani vodi po navodilih na embalaži.

2. Medtem za omletne trakove v posodi zmešamo svilen tofu s sojinim napitkom, kvasnimi kosmiči, čičerikino moko, tahini pasto, kurkumo in ščepcem soli. V ponvi segrejemo 1 žlico olja, dodamo zmes in na zmernem ognju pražimo približno 1-2 minuti, da zlato zarumeni. Obrnemo in pražimo še 1-2 minuti do zlato rjave barve. Odstranite iz pekača, pustite, da se nekoliko ohladi in narežite na tanke trakove.

3. Jagode operemo, očistimo in narežemo. Rukolo operemo in očistimo, osušimo z ožemanjem in natrgamo na majhne koščke. Meto operemo, otresemo do suhega in osmukamo liste.

4. Za preliv zmešajte limetin sok z medom in preostalim oljem ter začinite s soljo in poprom. Kuskus pretlačimo z vilicami in zmešamo s prelivom.
5. Kuskus razporedimo po krožniku, nanj položimo jagode in rukolo ter omleto in meto. Potresemo z mandlji.

## 27. Omleta iz morskih alg

- Priprava: 15 minut
- kuhanje v 20 min
- porcije 4

**sestavine**

- 12 jajc
- 50 ml mleka (3,5% maščobe)
- sol
- Poper iz mlina
- 1 žlica masla
- 2 lista nori alge

**Pripravljalni koraki**

1. Jajca stepemo z mlekom ter začinimo s soljo in poprom. Eno za drugo skupaj ocvremo 4 zelo tanke omlete. To storite tako, da v premazani ponvi segrejete nekaj masla. Dodamo četrtino jajčno-mlečne mešanice in na zmernem ognju pražimo 2-3 minute. Porabite tudi preostanek jajčno-mlečne mešanice.

2. Na delovno površino razgrnemo živilsko folijo in nanjo pravokotno zložimo omlete, rahlo prekrivajoče. Liste alg s škarjami narežite na želeno velikost in z njimi obložite omlete. Pokrijemo s prozorno folijo, rahlo pritisnemo in pustimo stati 5 minut.

3. Odstranite pokrov in omlete iz alg s pomočjo folije tesno zavijte v zvitek. Preostale odrezke alg narežite na tanke trakove. Zvitek algove omlete narežemo na rezine, porazdelimo po krožnikih in okrasimo s trakovi alg.

## 28. Omleta s špinačo in šparglji

- Priprava: 45 min
- porcije 4

**sestavine**

- 250 g zelenih špargljev
- ½ bio limone
- 2 žlici olivnega olja
- 100 ml zelenjavne juhe
- sol
- poper
- 125 g listov sveže špinače
- 8 jajc

- 150 ml mleka (1,5% maščobe)
- 20 g parmezana (1 kos; 30% maščobe v suhi snovi)
- 200 g polnozrnatega kruha (4 rezine)

**Pripravljalni koraki**

1. Šparglje olupimo v spodnji tretjini in jim odrežemo olesenele konce. Polovico limone speremo z vročo vodo, osušimo, zdrgnemo lupino in iztisnemo sok.
2. V ponvi segrejemo olje. Šparglje na zmernem ognju dušimo 2-3 minute. Deglazirajte z limoninim sokom in juho, začinite s soljo in poprom ter pokrito kuhajte na majhnem ognju 5 minut, dokler ni al dente. Nato odstranite pokrov s ponve in pustite, da tekočina izpari.
3. Medtem očistimo in operemo špinačo ter jo otresemo do suhega. Jajca stepemo z mlekom. Začinimo s soljo, poprom in limonino lupinico.
4. Premazan pekač premažite z 1/2 čajne žličke olja. Dodajte 1/4 jajčne mešanice in zavrtite, da se enakomerno porazdeli. Na vrh potresemo 1/4 špargljev in špinačo. Omleto kuhamo na zmernem ognju 5-6 minut in

pustimo, da se rahlo zapeče. Hranimo v predhodno ogreti pečici na 80°C.

5. Iz preostale jajčne zmesi na enak način spečemo še 3 omlete in jih pustimo na toplem. Parmezan drobno naribamo. Omlete zložimo skupaj, potresemo s sirom in ponudimo s kruhom.

## 29. Omleta s slanino

- Priprava: 30 min
- kuhanje v 45 min
- porcije 4

**sestavine**

- 150 g slanine za zajtrk
- 8 jajc
- 8 žlic mleka
- maslo za cvrtje
- 1 žlica sveže sesekljanega peteršilja
- 1 žlica drobnjakovih zvitkov

- Poper iz mlina

**Pripravljalni koraki**

1. Slanino narežemo na široke trakove, pustimo v segreti ponvi, hrustljavo popečemo, odstranimo in odcedimo na papirnatih brisačah.
2. Vsako po 2 jajci odpremo v skledo in z metlico dobro premešamo z 2 žlicama mleka. Vročo ponev premažemo z malo masla in vanjo vlijemo jajčno mešanico. Na majhnem ognju z lopatko mešamo, dokler se jajce ne začne gostiti. Če je na površini vlažna in se sveti, jo potresemo z malo slanine, potresemo s peteršiljem in drobnjakom, popopramo, zložimo in postrežemo.

## 30. Tortilja iz bučk in paprike

- Priprava: 30 min
- kuhanje v 50 min
- porcije 4

**sestavine**

- 1 bučka
- sol
- 2 rdeči papriki
- 2 mladi čebuli
- 1 pest bazilike
- 1 strok česna

- 2 žlici olivnega olja
- Poper iz mlina
- 6 jajc
- 4 žlice stepene smetane
- 50 g sveže naribanega sira

**Pripravljalni koraki**

1. Pečico segrejte na 200 °C zgornjo temperaturo
2. Bučke operemo in očistimo, vzdolžno in prečno narežemo na palčke. Solite in pustite, da se voda strmi približno 10 minut. Nato posušite. Papriko operemo, prerežemo na pol, očistimo in narežemo na kocke. Mlado čebulo operemo in očistimo ter poševno narežemo na kolobarje. Baziliko operemo, otresemo do suhega in lističe grobo nasekljamo. Česen olupimo in narežemo na drobne trakove. Na vročem olju v veliki ponvi pražite papriko in mlado čebulo 1-2 minuti. Dodamo bučke in pražimo 1-2 minuti. Začinimo s soljo in poprom. Potresemo z baziliko. Jajca stepemo s smetano in prelijemo čez zelenjavo. Pustimo, da se na kratko zapeče in potresemo s sirom. Pečemo v pečici 10-15

minut do zlato rjave barve in pustimo, da se strdi.

## 31. Italijanska omleta z grahom

- Priprava: 30 min
- kuhanje v 55 min
- porcije 4

**sestavine**

- 1 šalotka
- 1 česen
- 40 g rukole (0,5 šopka)

- 500 g zamrznjenega graha
- 7 jajc
- 150 ml stepene smetane
- sol
- poper
- 1 žlica oljčnega olja

**Pripravljalni koraki**

1. Šalotko in česen olupimo in drobno nasekljamo. Rukolo operemo, razvrstimo in otresemo do suhega. Pustimo, da se grah odtali.

2. V skledi stepemo jajca in jih stepemo s smetano, ki jo začinimo s soljo in poprom. V ponvi, odporni na pečico, segrejte olje in na zmernem ognju prepražite šalotko in česen, da posteklenita. Primešamo grah in ga na kratko podušimo. Dodajte jajca in pustite, da se na kratko strdijo. Pekač postavimo v predhodno ogreto pečico na 200° in pečemo 15-20 minut, da zlato porjavi. Odstranite in postrezite narezano na kose in okraseno z rukolo.

## 32. Krompirjeva omleta na španski način

- Priprava: 40 min
- porcije 4

**sestavine**

- 600 g krompirja
- 1 rdeča paprika
- 1 rumena paprika
- 1 zelena paprika
- 1 drobno sesekljan čili poper
- 200 g špinače
- 8 jajc
- 1 čebula
- 2 stroka česna

- olivno olje
- sol
- Poper iz mlina

## Pripravljalni koraki

1. Krompir olupimo in narežemo na kocke. V veliki ponvi z veliko olivnega olja počasi pražimo cca. 15 minut, občasno obrnite. Ne bi smel vzeti barve.
2. Medtem papriko operemo, razpolovimo, očistimo in narežemo na kocke.
3. Čebulo in česen olupimo in drobno sesekljamo.
4. Špinačo operemo, očistimo in na kratko blanširamo v vreli slani vodi. Pogasimo, ožamemo in sesekljamo.
5. Krompir vzamemo iz ponve in odstranimo odvečno olje. Čebulo, česen, čili, špinačo in papriko prepražimo na malo olja, odstranimo. Jajca razžvrkljamo, zmešamo s prepraženo zelenjavo, solimo, popramo in dodamo v ponev. Pustite, da se počasi strdi približno 5-6 minut. Nato tortiljo s pomočjo krožnika obrnemo in popečemo še drugo stran do zlato rjave barve. Postrezite hladno ali toplo, narezano na kose.

## 33. Omleta s sirom

- Priprava: 15 minut
- kuhanje v 22 min
- postrežba 1

**sestavine**

- 3 jajca
- 2 žlici stepene smetane
- sol poper iz mlina
- 1 mlada čebula
- 1 rdeča koničasta paprika
- 1 žlica masla
- 2 žlici naribanega sira zb čedarja

**Pripravljalni koraki**

1. Pečico segrejte na 220 °C zgornjo temperaturo. Jajca zmešamo s smetano ter začinimo s soljo in poprom. Mlado čebulo operemo in očistimo ter narežemo na drobne kolobarje. Papriko operemo, prerežemo na pol, očistimo in narežemo na kocke.

2. V vročo ponev damo maslo in vlijemo jajce. Potresemo z mlado čebulo in papriko ter pustimo stati 1-2 minuti in pečemo do zlato rjave barve. Zvijemo in potresemo s sirom. Pečemo v pečici približno 5 minut do zlato rjave barve.

## 34. Paradižnikova omleta z ovčjim sirom

- Priprava: 20 min
- porcije 4

**sestavine**

- 8 jajc
- 100 ml stepene smetane
- 3 paradižniki
- 1 žlica masla
- 200 g na kocke narezane fete
- sol
- Poper iz mlina
- sveže nariban muškatni oreršček

- 2 žlici sesekljane bazilike za okras

**Pripravljalni koraki**

1. Jajca stepemo s smetano in začinimo s soljo, poprom in muškatnim oreščkom. the

2. Paradižnik operemo in narežemo na četrtine, odstranimo semena in narežemo na majhne kocke. Na vročem maslu rahlo popite, dodajte kocke fete in prelijte z jajci. Mešajte, dokler omleta ne začne stagnirati. Nato pokrijte in pustite stati na majhnem ognju približno 2 minuti. Omleto razrežite na četrtine in jo razporedite po krožnikih. Postrežemo posuto z baziliko.

## 35. Omleta s feto in zelenjavo

- Priprava: 30 min
- kuhanje v 55 min
- porcije 4

**sestavine**

- 200 g koruze lahko
- 1 Auberge
- 2 bučki
- 300 g češnjevih paradižnikov
- 1 strok česna
- 4 žlice olivnega olja
- sol
- Poper iz mlina
- 1 žlička posušenega origana

- 7 jajc
- 100 ml mleka
- 200 g fete
- Bazilika za okras

**Pripravljalni koraki**

1. Zelenjavo operemo in očistimo. Koruzo odcedimo čez sito. Jajčevce in bučke operemo in očistimo ter narežemo na palčke. Paradižnik prav tako operemo in razpolovimo. Česen olupimo in nasekljamo na drobne lističe. V ponvi segrejte 2 žlici, prepražite česen, jajčevce, bučke in koruzo, še naprej pražite približno 4 minute in mešajte. Nato dodajte paradižnik. Zelenjavno mešanico začinimo s soljo, poprom, origanom in kisom ter odstavimo s štedilnika.

2. Jajca stepemo z mlekom, soljo in poprom. V ponvi segrejemo preostanek olja. Prilijemo 1/4 jajčne zmesi in pustimo, da ponev enakomerno obračamo in nagibamo. Zlato ocvremo na obeh straneh. Na vsak krožnik položimo eno omleto, polovico prekrijemo z zelenjavno mešanico, prepognemo in potresemo s feta kosmiči. Postrežemo okrašeno z baziliko.

## 36. Fritata z bučkami

- Priprava: 10 min
- kuhanje v 28 min
- porcije 4

**sestavine**

- 2 bučki
- 1 strok česna
- 1 žlica sveže sesekljanega timijana
- 2 žlici olivnega olja
- sol
- Poper iz mlina
- 5 jajc
- 50 ml stepene smetane
- 50 g naribanega parmezana

## Pripravljalni koraki

1. Bučke operemo, očistimo in narežemo. Česen olupimo in nasekljamo na drobne lističe. Bučke zmešamo s timijanovimi lističi in česnom ter pražimo na vročem olju v ponvi 2-3 minute, začinimo s soljo in poprom. Nastalo tekočino odlijemo.
2. Jajca stepemo s smetano, začinimo s soljo in poprom, prelijemo čez bučke in pokrijemo pustimo stati 8-10 minut na majhnem ognju. Nato fritajo s pomočjo velikega krožnika obrnemo, potresemo s parmezanom in pokrijemo ter pečemo 3-5 minut.
3. Za serviranje narežite na majhne kvadratke.

## 37. Omlete s porom in slanino

- Priprava: 50 min
- porcije 4

**sestavine**

- 150 g moke
- 2 jajci
- 250 ml mleka
- 2 žlici olja
- olje za cvrtje
- Za nadev
- 75 g drobno naribane gavde

- 500 g belega in svetlo zelenega pora, opranega in očiščenega
- 75 g drobno narezane slanine za zajtrk
- sol
- Poper iz mlina
- 4 žlice creme fraiche sira

**Pripravljalni koraki**

1. Moko zmešamo z jajcem, mlekom, oljem in soljo za testo in pustimo stati cca. 30 minut. Nato vmešajte 25 g sira gauda.
2. Por narežemo na tanke kolobarje. V ponvi prepražimo slanino, dodamo por in pokrito kuhamo cca. 8-12 minut. Po okusu začinimo s soljo, poprom in creme fraiche,
3. Na olju popečemo 4 omlete iz testa, napolnimo s porovo mešanico, potresemo s preostalim sirom in prepognemo.
4. Pečemo v pečici pri 220°C cca. 5 minut, postrezite vroče.

## 38. Omleta z mangom

- Priprava: 45 min
- porcije 4

**sestavine**

- 2 zrela manga
- 1 bio limona
- 2 žlici sladkorja
- 8 jajc
- sol
- 4 žlice moke
- maslo

**Pripravljalni koraki**

1. Mango olupimo, na obeh straneh odrežemo koščico in narežemo na tanke rezine. Zdrgnite limonino lupinico in iztisnite sok.
2. Jajca ločimo in iz beljakov stepemo čvrst sneg. Rumenjake s sladkorjem, limonino lupinico, dobrim ščepcem soli in moko kremasto umešamo. Z metlico vmešamo beljake.
3. Medtem v manjši ponvi segrejemo malo masla. Maso z majhno zajemalko (npr. žlico za omako) vlijemo v ponev in obložimo rezine manga. Pokrijte in pražite približno 2-3 minute na nizkem ognju do zlate barve, enkrat obrnite in pražite približno 1 minuto, nato dvignite in hranite na toplem. Specite 8 majhnih omlet eno za drugo

## 39. Tortilja s papriko in krompirjem

- Priprava: 35 min
- kuhanje v 1 h 35 min
- porcije 4

**sestavine**

- 700 g pretežno voskastega krompirja
- sol
- 3 rdeče paprike
- 1 zelenjavna čebula
- 2 stroka česna
- 6 jajc

- 200 ml stepene smetane z najmanj 30% maščobe
- 300 ml mleka
- 100 g sveže naribanega parmezana
- Poper iz mlina
- muškatni orešček
- 2 žlici rastlinskega olja
- maščoba za obliko

**Pripravljalni koraki**

1. Krompir operemo in kuhamo v osoljeni vreli vodi 20-25 minut. Odcedimo, splaknemo s hladno vodo, olupimo in ohladimo. Pečico segrejte na 180 °C zgornji in spodnji gretje.
2. Papriko operemo, prerežemo na pol, odstranimo sredico, vodoravno razpolovimo in narežemo na široke trakove. Nato olupimo in drobno nasekljamo čebulo in česen.
3. Jajca stepemo s smetano, mlekom in sirom ter začinimo s soljo, poprom in muškatnim oreščkom. Krompir narežemo na 0,5 cm debele rezine in jih v segreti ponvi na olju zlato rjavo popečemo. Dodamo kocke čebule in česna, na kratko prepražimo in položimo v pomaščen pekač s trakovi paprike.

4. Prelijemo z jajčno smetano, da je vse dobro prekrito, in pečemo v ogreti pečici 30-35 minut, da zlato zarumeni. Odstranite, odstranite iz modela, narežite na kocke 4x4 cm in postrezite z leseno palčko.

## 40. Omlete z bučkami

- Priprava: 25 min
- porcije 4

**sestavine**

- 10 jajc
- 50 ml ovsenega napitka (ovseno mleko)
- 2 žlici sveže narezane bazilike
- sol
- poper
- 2 bučki
- 250 g češnjevih paradižnikov
- 2 žlici olivnega olja

**Pripravljalni koraki**

1. Jajca stepemo z ovsenim napitkom in baziliko. Začinimo s soljo in poprom.
2. Bučko operemo, očistimo in narežemo na koščke. Paradižnike operemo in razpolovimo. Zelenjavo narahlo premešamo, začinimo s soljo, poprom in pražimo vsako 1/4 minute na malo vročega olja. Čez vsako prelijemo 1/4 jajc, premešamo in pražimo 4-5 minut, da zlato rjavo zapečejo in pustimo, da se strdi. Tako spečemo vse 4 omlete in postrežemo.

## 41. Omlete z zelenjavo, krutoni in tofujem

- priprava 30 minut
- porcije 2

**Sestavine:**

- 250 g svilnatega tofuja
- 6 paradižnikov
- 4 rezine pšeničnega kruha
- 2 rdeči sladki papriki
- 2 žlici prečiščenega masla
- 1 žlica drobno naribanega parmezana
- šop zelenega drobnjaka
- sol

- mleti črni poper
- zeleni peteršilj

**priprava:**

1. Vso zelenjavo in zelenjavo operemo in ji odcedimo vodo. Paradižnik narežemo na majhne koščke. Papriki odstranimo semena in jo narežemo na majhne kocke. Drobnjak in zeleni peteršilj drobno narežemo. Jajca razbijemo v skodelico, jih zmešamo s ščepcem soli, popra in naribanega parmezana ter stresemo v segreto ponev brez maščobe. Vse skupaj pražimo na obeh straneh, dokler se jajčka popolnoma ne strdijo. Nato odstranite iz ponve in položite na krožnik.

2. Tofu narežite na kocke in jih v ponvi rahlo zarumite na 1 žlici prečiščenega masla. Ko porjavi, odstranite iz ponve in položite na omleto na krožnik. Nato ji dodamo sesekljano zelenjavo in vse skupaj potresemo s sesekljanim drobnjakom in zelenim peteršiljem. Nato rezine pšeničnega kruha popečemo na preostalem očiščenem maslu v ponvi, jih odstranimo in dodamo v jed.

## 42. Prigrizek s šunko in omleto

- priprava do 30 minut
- porcije 2

**Sestavine:**

- 200 g narezane šunke
- 4 jajca
- 2 žlici mleka
- 1 žlica pšeničnega zdroba
- sol
- mleti črni poper
- glava kosmate solate

**priprava:**

1. Solato razdelimo na liste, jih temeljito operemo, odcedimo od vode in zložimo na pladenj. Jajca razbijemo v skodelico, dodamo moko, ščepec soli in popra, dodamo mleko in vse skupaj pretlačimo z vilicami.

2. Nato ga stresemo v segreto ponev brez maščobe in na obeh straneh pražimo toliko časa, da jajca popolnoma strdijo, nato pa odstavimo z ognja. Ocvrto omleto naložimo na rezine šunke, zavijemo v zvitke, položimo na liste solate in pritrdimo z zobotrebci.

## 43. Zelenjavna omleta

- priprava: 30-60 minut
- porcije 2

**Sestavine:**

- 6 jajc
- 1 rdeča sladka paprika
- 1 zelena sladka paprika
- 1 rdeča čebula
- 1 brokoli
- 1 žlica pšeničnega zdroba
- 0,5 skodelice mleka 2%
- sol

- mleti črni poper

**priprava:**

1. Vso zelenjavo operemo in ji odcedimo vodo. Rdeči in zeleni papriki odstranite semena in jo narežite na majhne koščke. Rdečo čebulo olupimo in narežemo na tanke rezine.
2. Brokoli razdelimo na cvetke, jih damo v ponev, zalijemo z rahlo osoljeno vodo, da ne štrlijo in jih skuhamo do mehkega. Ko brokoli skuhamo, ga odcedimo.
3. Nato v skodelico stepemo jajca, vanje vlijemo mleko, dodamo moko, ščepec soli in popra ter z metlico dobro stepemo, nato pa vlijemo v posodo, ki je odporna na vročino.
4. Dodamo vso prej narezano zelenjavo in kuhan brokoli. Vse skupaj damo v pečico, ogreto na 175 °C, in pečemo, dokler se zelenjava ne zmehča.
5. Po pečenju vzamemo iz pečice in nekoliko ohladimo.

## 44. Omlete s sadjem

- priprava: do 30 minut
- porcije 2

**Sestavine:**

- 6 jajc
- 1 čajna žlička pšeničnega zdroba
- 0,5 skodelice mleka 2%
- sol
- šopek drobnjaka

SADJE:

- 6 banan

- 1 skodelica borovnic

**priprava:**

1. Banane in jagodičevje operemo in odcedimo od vode. Banani odstranite konce, jih olupite, meso narežite na tanke rezine in položite na krožnik.

*Pripravite omleto:*

2. jajca razbijemo v skodelico, vanje vlijemo mleko, dodamo moko, ščepec soli in drobno nasekljan drobnjak. Vse skupaj dobro premešamo z vilicami, nato stresemo v segreto ponev brez maščobe in pražimo na zmernem ognju, dokler se jajčka popolnoma ne strdijo. Nato odstavite z ognja in dodajte bananam na krožniku. Vse skupaj potresemo z borovnicami.

## 45. Omleta iz jajčevcev

- priprava do 30 minut
- porcije 2

**Sestavine:**

- 4 jajca
- 4 žlice olja
- 2 jajčevca
- 2 paradižnika
- 2 stroka česna
- 2 limeti
- 1 čebula
- sol

- mleti črni poper

**priprava:**

1. Zelenjavo operemo in odcedimo vodo. Jajčevec narežemo na 1 cm debele rezine. Paradižnik narežemo na majhne koščke. Čebulo s česnom olupimo in drobno sesekljamo. V skledo razbijemo jajca in jih z vilicami stepemo s ščepcem soli in mletim črnim poprom. Narezane jajčevce damo v vročo ponev z 1 žlico olja in jih na zmernem ognju pražimo do zlato rjave barve. Nato jih vzemite z ognja in jim odstranite kožo. Stepenim jajcem dodamo sesekljan paradižnik, čebulo in česen ter dobro premešamo. Nato v ponvi segrejemo preostalo olje in nanj dodamo olupljene ocvrte jajčevce. Vse skupaj prelijemo čez zmešana jajca in zelenjavo. Vse prepražimo na obeh straneh do zlato rjave barve in po ocvrtju odstavimo z ognja in damo na krožnik.

## 46. Omleta z ostrigami

- priprava 30-60 minut
- porcije 4

**Sestavine:**

- 300 g zamrznjenih ostrig
- 200 ml pekoče čilijeve omake
- 3 žlice olja
- 2 stroka česna
- 2 bananina lista
- 5 jajc
- 0,5 skodelice mleka 2%

- zeleni peteršilj
- sol
- mleti črni poper

**priprava:**

1. Zeleni peteršilj in bananine liste operemo in odlijemo vodo. Bananine liste položimo na krožnik. Ostrige odmrznemo, odrežemo lupine in odstranimo neužitne dele. Nato česen olupimo, drobno sesekljamo in na vročem olju v ponvi popražimo.

2. Posteklenemu česnu dodamo na koščke narezane ostrige. Pražimo jih na zmernem ognju, da rahlo zlato porumenijo. Nato v skodelico stepemo jajca, jih z vilicami stepemo z mlekom, ščepcem soli, mletim črnim poprom in vlijemo v ocvrte ostrige. Vse skupaj dobro premešamo in pražimo toliko časa, da se jajčka povsem strdijo. Nato vse skupaj odstavimo z ognja in preložimo v bananin list na krožniku. Končano jed potresemo z zelenim peteršiljem in postrežemo skupaj s čilijevo omako.

## 47. Riž z omleto, slanino in cikorijo

- priprava 30-60 minut
- porcije 4

**Sestavine:**

- 25 g rezin dimljene slanine
- 3 jajca
- 3 žlice olja
- 1 skodelica lepljivega riža
- 1 majhna por
- 1 rdeča cikorija
- 1 žlica mleka

- 1 žlica pšeničnega zdroba
- sol
- poper

**priprava:**

1. Zelenjavo operemo in odlijemo vodo. Nato por narežemo na majhne koščke.
2. Cikorijo narežemo na tanke rezine. Štiri rezine slanine pustimo cele, ostalo pa narežemo na kocke. Riž oplaknemo pod tekočo vodo, stresemo v ponev, prelijemo z dvema kozarcema rahlo osoljene vode, skuhamo in odparimo.
3. Jajca razbijemo v skledo, vanje vlijemo mleko, dodamo moko, ščep soli in popra ter stepamo z vilicami. Stepene sestavine stresemo na 1 žlico segretega olja v ponvi in pražimo do strditve.
4. Nato jih odstavimo z ognja, nasekljamo na majhne koščke in primešamo kuhanemu rižu.
5. Nato v ponvi segrejemo preostalo olje, dodamo nasekljano slanino in por, začinimo z začimbami po okusu in pražimo, da meso zlato porumeni.
6. Nato ji dodamo mešan riž in omleto, ponovno premešamo in pokrito pražimo še minuto.

7. Po tem času vse odstavimo z ognja in preložimo na krožnik ter dodamo preostale rezine slanine. Vse skupaj potresemo s sesekljanim radičem.

## 48. Omleta s fižolom in šunko

**Sestavine:**

- 30 g stročjega fižola
- 25 g narezane serano šunke
- 3 žlice oljčnega olja
- 2 stroka česna
- 2 žlici majoneze
- 1 čajna žlička mlete sladke rdeče paprike
- 1 dimljena čili paprika
- šopek drobnjaka, sol
- poper
- sol

*Za omleto:*

- 4 jajca

- 2 žlici mleka
- 1 žlica pšeničnega zdroba

**priprava:**

1. Zelenjavo operemo in odlijemo vodo. Drobnjak drobno narežemo. Dimljeni papriki odstranimo semena in jo narežemo na majhne koščke. Fižolu odstranimo konce, ga damo v ponev, prelijemo z 1 litrom rahlo osoljene vode, skuhamo do mehkega in odcedimo. Česen olupimo, narežemo na majhne kocke in na 2 žlicah segretega oljčnega olja prepražimo v ponvi. Posteljenemu česnu dodamo narezano, na drobno dimljeno papriko, rezine šunke in prej skuhan stročji fižol. Pokrito pražimo 1,5 minute na zmernem ognju.

2. Nato pripravimo omleto: v ponev damo jajca, vanje vlijemo mleko, dodamo moko, ščepec soli, poper in vse skupaj dobro pretlačimo z vilicami. Prepražene sestavine v ponvi prelijemo s stepenimi sestavinami. Vse pražimo, dokler se jajca ne razrežejo. Pripravljeno za odstranitev z ognja in dajanje v posodo.

3. Vse skupaj potresemo s sesekljanim drobnjakom.

## 49. omletna rulada

**Sestavine:**

- 6 jajc
- 5 žlic smetane 12%
- 2 žlici moke
- 15 gramov masla

- zeliščna skuta
- zeleni grah
- konzervirana koruza
- 20 gramov naribanega sira
- zeleni koper ali peteršilj
- sol
- poper

**priprava:**

1. Jajca stepemo z naribanim sirom, smetano in moko. Dodamo sol. V ponvi raztopimo maslo in vlijemo stepeno maso. Cvremo na močnem ognju z obeh strani in z lopatko dvignemo dno, da se ne zažge. Končano omleto preložimo na krožnik, jo premažemo s skuto, potresemo z grahom, koruzo, poprom, sesekljanim koprom ali peteršiljem. Zvijte in nato narežite na debele rezine. Postrezite toplo.

## 50. Svinjska omleta

- priprava do 30 minut
- porcije 2

**Sestavine:**

- 300 g mletega svinjine
- 4 jajca
- 2 žlici olja
- 2 žlički temne sojine omake
- 2 paradižnika
- 1 čebula
- 1 zelena kumara
- sol
- mleti črni poper

**priprava:**

2. Paradižnik in kumare operemo in odcedimo od vode. Kumaro olupimo, nato pa jo skupaj s paradižnikom narežemo na tanke rezine in položimo na krožnik. Čebulo olupimo, drobno sesekljamo in na vročem olju v ponvi prepražimo. Po posteklenitvi dodamo mleto meso, zalijemo s sojino omako, premešamo in pražimo toliko časa, da meso potemni. Nato v skodelico stepemo jajca, jih z vilicami pretlačimo s ščepcem soli in popra ter z njimi prelijemo prepraženo meso s čebulo. Vse skupaj prepražimo na srednjem ognju do zlato rjave barve na obeh straneh. Po cvrtju odstavite z ognja in položite na krožnik s sesekljano zelenjavo.

## 51. Omleta iz riža in mesa

- priprava do 30 minut
- porcije 2

**Sestavine:**

- 350 g mlete govedine in svinjine
- 200 g rjavega riža
- 150 g koruze v slanici
- 4 jajca
- 3 žlice olja
- 2 žlici pikantnega kečapa
- 1 čebula
- 0,5 skodelice mleka 2%
- sol

- črni poper (mlet)

**priprava:**

1. Poberi koruzo iz slanice. Riž oplaknemo pod tekočo vodo, stresemo v ponev, prelijemo s 4 skodelicami rahlo osoljene vode in skuhamo, da postane ohlapen.
2. Po kuhanju odparite. Čebulo olupimo, drobno sesekljamo in na vročem olju v ponvi prepražimo. Glazirani čebuli dodamo mleto meso, ki ga po okusu začinimo s ščepcem soli, mletega popra, dobro premešamo in pražimo, da potemni. Nato dodamo prej kuhan riž in koruzo, ki smo jo odcedili iz slanice. Vse temeljito premešamo in pražimo še 3 minute na zmernem ognju, nato odstavimo z ognja in damo na krožnik.
3. Nato jajca razbijemo v skodelico, vanje vlijemo mleko, dodamo ščepec soli in dobro pretlačimo z vilicami. Po stepanju jih stresemo v segreto ponev brez maščobe in kuhamo toliko časa, da se strdijo. Nato jih poberemo iz ponve in dodamo v jed. Vse skupaj prelijemo s pikantnim kečapom.

## 52. Cvetačna omleta

- priprava do 30 minut
- porcije 2

**Sestavine:**

- 6 jajc
- 2 žlici naribanega sira gauda
- 2 žlici masla
- 0,5 skodelice mleka 2%
- 1 večja cvetača
- sol
- mleti črni poper

**priprava:**

1. Cvetačo operemo, narežemo na cvetke, damo v ponev, prilijemo 1,5 litra rahlo osoljene vode in kuhamo do mehkega.

2. Ko je cvetača kuhana, jo odcedimo in stresemo na segreto maslo v ponvi. Nato v skodelico dodamo jajca, dodamo nariban sir gauda, ščepec soli in popra, zalijemo z mlekom, dobro pretlačimo vilice in nato v ponev stresemo celo cvetačo.

3. Vse skupaj prepražimo do zlato rjave barve in pripravljeno omleto postrežemo toplo.

## 53. Omleta z rikoto in parmezanom

**Sestavine:**

- 200 g sira ricotta
- 2 žlici masla
- pest sveže bazilike
- sol
- sveže mlet poper

*omleta:*

- 5 jajc
- 1 žlica pšeničnega zdroba
- 1 žlica naribanega parmezana
- 1 žlica mleka

**priprava:**

1. Baziliko operemo in odlijemo vodo. V vroči ponvi raztopimo maslo. Na stopljeno maslo dodamo sir ricotta in ga na zmernem ognju pražimo 1 minuto.

*Pripravite omleto:*

2. jajca razbijemo v skodelico in dodamo moko, nariban parmezan in ščepec soli. Nato sestavine v vrčku dobro pretlačimo z vilicami in jih vlijemo k prepraženim sestavinam v ponvi. Vse pokrito pražimo toliko časa, da se jajčka strdijo. Nato vse skupaj odstavimo z ognja, okrasimo z baziliko in potresemo s sveže mletim poprom.

## 54. Krompirjeva omleta

- priprava 30-60 minut
- porcije 4

**Sestavine:**

- 6 jajc
- 500 g krompirja
- 2 žlici masla
- 2 žlici mleka 2%
- 1 čebula
- 0,5 čajne žličke začimb za krompir
- sol
- poper

**priprava:**

3. Krompir temeljito operemo pod tekočo vodo, ga damo v ponev, zalijemo z vodo, da ne štrli in skuhamo v ovoju do mehkega. Po kuhanju ga odcedimo in narežemo na tanke rezine. Nato jajca razbijemo v skodelico, vanje vlijemo mleko, dodamo ščepec soli in popra ter jih pretlačimo z vilicami. Čebulo olupimo, narežemo na majhne kocke in jo v ponvi prepražimo na segretem maslu. Praženi čebuli dodamo narezan krompir, ga potresemo s ščepcem soli, popra, začimb za krompir in pražimo 40 sekund na zmernem ognju. Prepraženim sestavinam vlijemo predhodno stepena jajca, premešamo in pražimo do strditve. Nato vse skupaj odstavimo z ognja.

## 55. Omleta s sirom in sojino omako

**Sestavine:**

- 15 g naribanega parmezana
- 4 jajca
- 2 žlici mleka
- 2 žlici pšeničnega zdroba
- 2 žlici temne sojine omake
- 0,5 čajne žličke soli
- 0,5 čajne žličke mletega črnega popra
- zeleni peteršilj

**priprava:**

1. Zeleni peteršilj operemo, odcedimo vodo in drobno sesekljamo. V ponev pretlačimo jajca, jim dodamo moko, sol in poper, vlijemo mleko in vse zmešamo z mešalnikom do konsistence goste smetane. Zmešane sestavine z žlico stresamo na segreto ponev brez maščobe in na srednjem ognju pražimo z obeh strani, da rahlo porjavijo.

2. Nato ga odstavimo z ognja, potresemo z naribanim parmezanom, zvijemo in ponovno postavimo na srednji ogenj. Pokrito pražimo, dokler se sir ne stopi. Nato odstavimo z ognja, razdelimo na porcije in damo na krožnik. Nato vse skupaj pokapamo s sojino omako in potresemo z drobno sesekljanim zelenim peteršiljem.

## 56. Puranja rulada, omleta in špinača

**Sestavine:**

- 4 puranje prsi
- 250 g zamrznjene špinače
- 4 žlice olja
- 2 žlici pikantnega kečapa
- 1 čebula
- 0,5 čajne žličke naribanega muškatnega oreščka
- sol
- poper

*Za omleto:*

- 4 jajca

- 2 žlici mleka
- 1 žlica pšeničnega zdroba

**priprava:**

1. Puranje prsi operemo, odlijemo vodo, pretlačimo s tolkačem, položimo na pekač, na eni strani premažemo s pikantnim kečapom ter potresemo s soljo in poprom.

*Pripravite omleto.*

2. V skledi stepemo jajca in jih zmešamo z moko in mlekom. Stepene sestavine damo v segreto ponev brez maščobe in na srednjem ognju pražimo z obeh strani, da se jajčka strdijo.
3. Nato odstavite z ognja in položite na puranje prsi, premazane s kečapom. Čebulo olupimo, narežemo na manjše kocke in prepražimo na 2 žlicah segretega olja v ponvi.
4. Špinačo odmrznemo in dodamo posteklenjeni čebuli. Sestavine po okusu začinimo s ščepcem soli in popra, dodamo nariban muškatni orešček, premešamo in pokrito dušimo 2 minuti na zmernem ognju. Po tem času odstavite z ognja in dodajte sestavinam k mesu.

5. Nato vse skupaj zavijemo, zavežemo z vrvico, damo v pekač in pokapljamo z 2 žlicama preostalega oljčnega olja. Vse skupaj damo v pečico, ogreto na 175 °C, in pečemo, dokler se meso ne zmehča.

## 57. Omleta s slanino, krompirjem in šparglji
- priprava do 30 minut

- porcije 2

**Sestavine:**

- 30 g zelenih špargljev
- 20 b prekajene slanine
- 4 žlice olja
- 4 krompirji
- 4 jajca
- 2 žlici mleka
- 2 žlici težke smetane
- 0,5 čajne žličke mlete rdeče paprike
- sol
- poper

**priprava:**

1. Šparglje operemo in jih odcedimo od vode. Šparglje damo v ponev, prilijemo 3 skodelice rahlo osoljene vode, kuhamo do mehkega in odcedimo.

2. Krompir temeljito operemo pod tekočo vodo, prelijemo z 1 litrom vode, skuhamo v ovoju do mehkega, odcedimo in narežemo na tanke rezine. Jajca razbijemo v ponev in jih z metlico stepemo z mlekom, ščepcem soli in popra.

3. Vlijemo v segreto ponev brez maščobe in pražimo na zmernem ognju, da se strdi. Nato odstavite z ognja in položite na krožnik. V ponvi segrejemo olje in dodamo prej skuhan krompir.

4. Pražimo jih do zlato rjave barve, nato jih odstavimo z ognja in položimo na ocvrto omleto. Slanino narežemo na kocke in jo brez maščobe prepražimo v segreti ponvi. Kuhane šparglje dodamo popečeni slanini in kuhamo 1,5 minute na zmernem ognju. Prepražene sestavine odstavimo z ognja in skupaj z mastno smetano dodamo. Vse skupaj potresemo z mleto rdečo papriko.

## 58. Omleta s krutoni in fižolovimi kalčki

**Sestavine:**

- 5 g kalčkov fižola mungo
- 4 jajca
- 4 rezine popečenega kruha
- 3 žlice olja
- 2 stroka česna
- 2 žlici vode
- šopek drobnjaka
- sol
- poper

**priprava:**

1. Fižolove kalčke poparite z 1 skodelico vrele vode in odcedite odvečno vodo. Drobnjak operemo, odcedimo vodo in narežemo na koščke. Popečen kruh narežemo na velike kocke.

2. Česen olupimo, drobno sesekljamo in na vročem olju v ponvi prepražimo. Posteljenemu česnu dodamo popečene kruhke in drobnjak ter pražimo, da se sestavine zlato zapečejo.

3. Nato jajca damo v ponev, nalijemo vodo, dodamo ščepec soli in popra ter vlijemo v cela.

4. Vse pražimo, dokler se jajca ne razrežejo. Nato dodamo prej poparjene fižolove kalčke in pokrito pražimo 40 sekund. Končano jed odstavimo z ognja in preložimo na krožnik.

## 59. Omleta z brokolijem, šunko in krutoni

- priprava do 30 minut
- porcije 4

**Sestavine:**

- 15 g prekajene šunke
- 4 jajca
- 2 žlici olja
- 2 žlici mleka
- 1 brokoli
- 1 čebula
- 1 majhna bageta
- poper

- sol

**priprava:**

1. Brokoli operemo, razdelimo na cvetke, prilijemo 1 liter rahlo osoljene vode, skuhamo do mehkega in odcedimo.
2. Čebulo olupimo, narežemo na kocke in prepražimo na 1 žlici segretega olja v ponvi.
3. Šunko narežemo na kocke, dodamo posteklenjeni čebuli in prepražimo. Nato v kozici stepemo jajca z mlekom in prelijemo čez popražene sestavine. Dodamo prej skuhan brokoli, potresemo s ščepcem soli in popra ter pražimo, da se jajca zmehčajo.
4. Pripravljeno za odstranitev z ognja in dajanje na krožnik. Bageto narežemo na tanke rezine, ki jih z obeh strani popečemo na preostalem olju in dodamo k jedi.

## 60. Svinjski kotlet z omleto, rižem in koruzo

- priprava do 30 minut
- porcije 2

**Sestavine:**

- 200 g koruze v slanici
- 6 žlic olja
- 4 jajca
- 4 svinjski kotleti s kostmi
- 2 žlici pikantnega kečapa
- 2 stroka česna
- 1 žlica moke
- 1 žlica mleka
- 1 skodelica rjavega riža

- sol
- poper

**priprava:**

1. Meso operemo, odcedimo vodo in ga razdelimo na porcije. Rjavi riž oplaknemo pod tekočo vodo, ga prelijemo z 2 kozarcema rahlo osoljene vode in kuhamo, dokler voda popolnoma ne izpari.
2. Nato česen olupimo, drobno sesekljamo in v ponvi na 2 žlicah segretega olja prepražimo. Posteljenemu česnu dodamo odcejeno koruzo in prej skuhan riž.
3. Sestavine po okusu začinimo s ščepcem soli in popra ter pražimo 1,5 minute na zmernem ognju. Ocvrte odstavimo z ognja in preložimo na krožnik.
4. V ponev razbijemo jajca, dodamo moko, prilijemo mleko, potresemo s ščepcem soli in vse skupaj dobro premešamo z metlico.
5. Stepena jajca vlijemo v vročo ponev brez maščobe in pražimo do strditve. Nato odstavite z ognja in dodajte sestavinam na krožniku. Svinjske kotlete potresemo s poprom in soljo ter popečemo z obeh strani na preostalem segretem olju v ponvi.

6. Ocvrte odcedimo od maščobe in dodamo jedi. Vse skupaj prelijemo s pikantnim kečapom.

## 61. Francoska omleta

**Sestavine:**

- 15 g vinskega kamna sera Gruyere
- 2 žlici masla
- šopek drobnjaka
- poper
- sol

**priprava:**

1. Drobnjak operemo in odcedimo od vode. Jajca damo v ponev, potresemo s ščepcem soli in popra ter dobro stepemo z metlico. V ponvi segrejemo maslo, dodamo stepena

jajca in pražimo do strditve. Nato vse skupaj potresemo z naribanim sirom Gruyere in sesekljanim drobnjakom. Vse skupaj z lopatko zvijemo in pokrito pražimo toliko časa, da se sir stopi.

## 62. Omleta s krompirjem, šparglji in sirom

- priprava do 30 minut
- porcije 2

**Sestavine:**

- 20 g zelenih špargljev
- 20 g rezin dimljene slanine
- 20 g kozje skute
- 4 jajca
- 4 krompirji
- 2 žlici mleka
- 2 stroka česna
- 2 žlici olja
- 1 žlica pšeničnega zdroba
- 0,5 čajne žličke mlete rdeče paprike

- sol
- poper

**priprava:**

1. Zelenjavo operemo in odlijemo vodo. V ponev razbijemo jajca, vanje vlijemo mleko, dodamo moko, po okusu začinimo s ščepcem soli in popra ter dobro stepemo z metlico.

2. Stepene sestavine stresemo v segreto ponev brez maščobe in pražimo, da se vse strdi. Nato odstavite z ognja in preložite na krožnik. Slanino narežemo na kocke.

3. Krompir olupimo in narežemo na tanke rezine. Česen olupimo, narežemo na koščke in prepražimo na segretem olju v ponvi. Posteklenemu česnu dodamo narezan krompir in šparglje.

4. Sestavine potresemo s ščepcem soli in mleto papriko ter prepražimo do zlato rjave barve. Nato dodamo narezano slanino in pražimo toliko časa, da meso zlato zapeče. Ocvrte odstavimo z ognja in preložimo na omleto na krožnik.

## 63. Omleta s krompirjem, šparglji in sirom

- priprava do 30 minut
- porcije 4

**Sestavine:**

- 20 g zelenih špargljev
- 20 g rezin dimljene slanine
- 20 g kozje skute
- 4 jajca
- 4 krompirji
- 2 žlici mleka
- 2 stroka česna
- 2 žlici olja
- 1 žlica pšeničnega zdroba

- 0,5 čajne žličke mlete rdeče paprike
- sol
- poper

**priprava:**

1. Zelenjavo operemo in odlijemo vodo. V ponev razbijemo jajca, vanje vlijemo mleko, dodamo moko, po okusu začinimo s ščepcem soli in popra ter dobro stepemo z metlico.
2. Stepene sestavine stresemo v segreto ponev brez maščobe in pražimo, da se vse strdi. Nato odstavite z ognja in preložite na krožnik. Slanino narežemo na kocke. Krompir olupimo in narežemo na tanke rezine. Česen olupimo, narežemo na koščke in prepražimo na segretem olju v ponvi.
3. Posteklenemu česnu dodamo narezan krompir in šparglje. Sestavine potresemo s ščepcem soli in mleto papriko ter prepražimo do zlato rjave barve. Nato dodamo narezano slanino in pražimo toliko časa, da meso zlato zapeče.
4. Ocvrte odstavimo z ognja in preložimo na omleto na krožnik.

## 64. Omleta s tofujem

**Sestavine:**

- 40 g svilnatega tofuja
- 40 g koruze v slanici
- 2 jajci
- 2 lista rdeče solate
- 2 češnjeva paradižnika
- 2 žlici mleka
- 2 žlici olja
- 1 žlica koruznega škroba
- šopek drobnjaka
- sol
- poper

**priprava:**

1. Zelenjavo operemo in odlijemo vodo. Na krožnik damo solato in paradižnik.
2. Odstranite koruzo iz slanice in jo stresite v skledo. Dodamo tofu in na majhne koščke zdrobljen drobnjak.
3. Nato vanj vlijemo mleko, dodamo koruzni zdrob in dodamo jajca. Po okusu začinimo s poprom in soljo ter dobro premešamo. Nato v ponvi segrejemo olje in nanj stresemo zmešane sestavine.
4. Vse skupaj na zmernem ognju z obeh strani zlato rjavo prepražimo, nato odstavimo z ognja in dodamo sestavinam na krožniku.

## 65. Goveja omleta

**Sestavine:**

- 200 g mlete govedine
- 3 žlice olja
- 2 jajci
- 2 žlici temne sojine omake
- 1 rdeča paprika
- 1 paradižnik
- 1 zelena kumara
- 1 mlada čebula
- 1/2 čajne žličke magi
- sol
- poper

**Priprava** :

1. Zelenjavo operemo in odlijemo vodo. Paradižnik narežemo. Kumaro olupimo in prav tako narežemo na rezine.
2. Papriki odstranimo semena in jo narežemo na majhne kocke. Mlado čebulo olupimo in prav tako narežemo na kocke.
3. V ponvi segrejemo olje, dodamo goveje meso, dodamo sojino omako, začinimo s poprom, soljo, magi, premešamo in pražimo, dokler meso ne spremeni barve.
4. Nato dodamo sesekljano papriko in mlado čebulo ter pražimo 2,5 minute. Jajca razbijemo v ponev, jih pretlačimo z vilicami, nato pa jih vlijemo k prepraženim sestavinam.
5. Začinimo z začimbami po okusu, premešamo in pražimo, da jajčka popolnoma strdijo. Končano hrano odstranite z ognja in jo položite na krožnik. Nato dodajte narezano kumaro in paradižnik.

## 66. Omleta s piščančjimi jetri

- Priprave 15 minut
- Čas kuhanja 30 minut

**Sestavine**

- 6 jajc
- 150 g piščančjih jeter
- 2 šalotki
- 3 žlice oljčnega olja
- 1 žlička sesekljanega peteršilja, 1 žlička sesekljanega drobnjaka, 1 žlička sesekljanega pehtrana
- sol, poper

**priprava**

1. Olupite in narežite na 4 piščančja jetra. Šalotko olupimo in nasekljamo.
2. Na oljčnem olju prepražimo piščančja jetrca in jih kuhamo 3 do 4 minute. Nato jih rezervirajte in šalotke popite na dokaj mehkem ognju. Zmešamo jih z jetri in rezerviramo.
3. Jajca stepemo, solimo in popramo. Skuhajte jih v nežno omleto. Razporedite po piščančjih jetrcih in zeliščih.
4. Omleto prepognemo in zložimo na servirni krožnik.

## 67. Omleta s kozicami in gobami

- priprava do 30 minut
- porcije 2

**Sestavine:**

- 5 tigrastih kozic
- 6 gob
- 4 jajca
- 3 žlice olja
- 2 stroka česna
- 1 rdeča paprika
- 1 žlica moke
- 1 žlica mleka
- Ohrovt za okras
- sol

- poper

**priprava:**

1. Zelenjavo in gobe operemo in odcedimo od vode. Gobam odstranimo membrane in jih narežemo na tanke rezine. Papriki odstranimo semena in jo narežemo na koščke. Kozico očistite neužitnih delov.

2. V ponev razbijemo jajca, vanje stresemo moko, prilijemo mleko in vse skupaj stepemo z metlico. Česen olupimo, drobno sesekljamo in na vročem olju prepražimo v ponvi. Posteljenemu česnu dodamo očiščene kozice in narezane gobe, potresemo s ščepcem soli in pokrito pražimo 2,5 minute na zmernem ognju.

3. Nato k prepraženim sestavinam vlijemo stepena jajca, po okusu začinimo s ščepcem soli, dobro premešamo in pražimo, dokler se jajca ne strdijo. Nato vse skupaj odstavimo z ognja in damo na krožnik. Končano jed potresemo s sveže mletim poprom in okrasimo z ohrovtom in sesekljano papriko.

## 68. Tortilja z omleto

**Sestavine:**

- 15 g narezane prekajene šunke
- 4 jajca
- 2 tortilji
- 2 žlici pšeničnega zdroba
- 2 žlici mleka
- 2 žlici pikantnega kečapa
- 1 čebula
- 1 žlica olja
- 1 šopek drobnjaka
- 0,5 skodelice mlačne vode

- sol
- poper

**priprava:**

1. Tortiljske palačinke namočimo z mlačno vodo, nato jih damo v segreto ponev brez maščobe in pečemo 40 sekund na eni strani. Ocvrte odstavimo z ognja in preložimo na krožnik. Drobnjak operemo, odcedimo vodo in narežemo na koščke. V skledo razbijemo jajca, dodamo na majhne koščke narezano šunko. Prilijemo moko, zalijemo z mlekom, nato pa vse po okusu začinimo s poprom in soljo ter z metlico dobro stepemo. Čebulo olupimo, narežemo na majhne kocke in prepražimo na segretem olju v ponvi. Stepene sestavine vlijemo v posteklenjeno čebulo in pražimo do strditve (samo na eni strani). Nato vse skupaj nadevamo v tortilje, prelijemo s kečapom in potresemo s sesekljanim drobnjakom.

## 70. Omleta s salamo in čebulo

- priprava: do 30 minut
- porcije 2

**Sestavine:**

- 15 g salame
- 4 jajca
- 2 žlici črnih oliv v slanici
- 2 žlici pšeničnega zdroba
- 2 žlici mleka
- 2 žlici olja
- 1 čebula
- 1 zelena kumara v rastlinjaku
- sol
- poper

**priprava:**

2. Kumaro operemo, odlijemo vodo, narežemo na tanke rezine, potresemo s ščepcem soli in preložimo na krožnik. Dodamo ji na tanke rezine narezano belo skuto . Jajca razbijemo v skledo, dodamo moko, mleko in dobro stepemo z vilicami. Čebulo olupimo, narežemo na tanke rezine, dodamo stepenim jajcem z na kocke narezano salamo in vse skupaj premešamo. V ponvi segrejemo olje in po žlicah stresamo zmešane sestavine. Po okusu začinimo s poprom in soljo ter popečemo najprej na eni strani, ko so jajčka strjena, jih obrnemo in popečemo še na drugi strani do zlato rjave barve. Ocvrto omleto odstavimo z ognja, jo zvijemo in dodamo kumaram. Dodamo olive, ki jih odcedimo od kislih kumaric.

## 71. Goveja omleta

- priprava do 30 minut
- porcije 2

**Sestavine:**

- 200 g mlete govedine
- 3 žlice olja
- 2 jajci
- 2 žlici temne sojine omake
- 1 rdeča paprika
- 1 paradižnik
- 1 zelena kumara

- 1/2 čajne žličke Maggi
- sol
- poper

**priprava:**

1. Zelenjavo operemo in odlijemo vodo. Paradižnik narežemo. Kumaro olupimo in prav tako narežemo na rezine.
2. Papriki odstranimo semena in jo narežemo na majhne kocke. Mlado čebulo olupimo in prav tako narežemo na kocke. V ponvi segrejemo olje, dodamo mleto govedino, dodamo sojino omako, začinimo s poprom, soljo, Maggi, premešamo in pražimo, dokler meso ne spremeni barve.
3. Nato dodamo sesekljano papriko in mlado čebulo ter pražimo 2,5 minute. Jajca razbijemo v ponev, jih pretlačimo z vilicami, nato pa jih vlijemo k prepraženim sestavinam.
4. Začinimo z začimbami po okusu, premešamo in pražimo, da jajčka popolnoma strdijo. Končano hrano odstranite z ognja in jo položite na krožnik. Nato dodajte narezano kumaro in paradižnik.

## 72. Omleta s sirom in brokolijem

- priprava do 30 minut
- porcije 2

**Sestavine:**

- 6 češnjevih paradižnikov
- 5 g naribanega sira gauda
- 4 jajca
- 2 žlici pšeničnega zdroba
- 2 žlici mleka
- 2 žlici olja
- 1 brokoli
- 1 rdeča čebula

- Ohrovt za okras
- sol
- poper

**priprava:**

1. Zelenjavo operemo in odlijemo vodo. Brokoli razdelimo na cvetove, prelijemo z 1 litrom rahlo osoljene vode, skuhamo do mehkega in odcedimo.
2. Jajca razbijte v skledo. Nato vanje stresemo moko, dodamo nariban sir, zalijemo z mlekom in vse skupaj z metlico dobro premešamo.
3. Čebulo olupimo, narežemo na kocke in prepražimo na vročem olju v ponvi. Zmešane sestavine vlijemo v posteklenjeno čebulo, po okusu začinimo s poprom in soljo ter dodamo prej skuhan brokoli.
4. Vse skupaj pražimo na zmernem ognju, dokler se sestavine popolnoma ne posušijo. Pripravljeno za odstranitev z ognja in dajanje na krožnik. Vse skupaj okrasimo s češnjevimi paradižniki in ohrovtom.

## 73. Omleta v kruhu s slanino in zelišči

**Sestavine:**

- 20 g prekajene slanine
- 6 rezin starega kruha
- 4 jajca
- 1 žlica pšeničnega zdroba
- 1 čajna žlička posušenega timijana
- 1 čajna žlička majarona
- 0,5 tople vode
- sol
- poper

**priprava:**

1. Staremu kruhu odstranite skorjo in ga v skledi navlažite s toplo vodo. Namočen kruh položite na vzmetni model za torte s premerom 30 cm.

2. Slanino narežemo na majhne kocke in damo v skledo. V nasekljano slanino vlijemo jajca, dodamo moko, majaron, timijan, po okusu začinimo s ščepcem soli in popra ter dobro premešamo.

3. Z zmešanimi sestavinami prelijemo tortni model s kruhom in damo v pečico, ogreto na 170 stopinj. Pečemo toliko časa, da jajca popolnoma strdijo, nato modelčke vzamemo iz pečice in nekoliko ohladimo.

## 74. omleta s smrčki in špinačo

- priprava do 30 minut
- porcije 2

**Sestavine:**

- 40 g sveže slane
- 4 žlice masla
- 3 jajca
- 2 žlici mleka
- 1 pest sveže špinače
- 1 čebula
- poper
- sol

**priprava:**

1. Smrčke temeljito očistite, sperite pod tekočo vodo in narežite na dolge trakove. Nato v ponvi raztopimo maslo in mu dodamo sesekljane gobe.

2. Gobe med občasnim mešanjem pokrito dušimo na majhnem ognju 20 minut. Nato mu dodamo olupljeno in na kocke narezano čebulo in pražimo 1,5 minute. Špinačo operemo, odlijemo vodo in dodamo sestavinam. V lonec razbijemo jajca, jih zmešamo z mlekom, ščepcem soli in popra ter vlijemo k prepraženim sestavinam.

3. Vse pražimo toliko časa, da se jajčka popolnoma zgostijo. Nato odstavite z ognja in preložite na krožnik.

## 75. omleta s kozicami in gobami

- priprava do 30 minut
- porcije 2

**Sestavine:**

- 5 tigrastih kozic
- 6 gob
- 4 jajca
- 3 žlice olja
- 2 stroka česna
- 1 rdeča paprika
- 1 žlica moke

- 1 žlica mleka
- Ohrovt za okras
- sol
- poper

**priprava:**

1. Zelenjavo in gobe operemo in odcedimo od vode. Gobam odstranimo membrane in jih narežemo na tanke rezine. Papriki odstranimo semena in jo narežemo na koščke.
2. Kozico očistite neužitnih delov. Nato v ponev razbijemo jajca, stresemo moko, prilijemo mleko in vse skupaj stepemo z metlico.
3. Česen olupimo, drobno sesekljamo in na vročem olju prepražimo v ponvi. Posteljenemu česnu dodamo očiščene kozice in narezane gobe, potresemo s ščepcem soli in pokrito pražimo 2,5 minute na zmernem ognju.
4. Nato k prepraženim sestavinam vlijemo stepena jajca, po okusu začinimo s ščepcem soli, dobro premešamo in pražimo, dokler se jajca ne strdijo.
5. Nato vse skupaj odstavimo z ognja in damo na krožnik. Končano jed potresemo s sveže

mletim poprom in okrasimo z ohrovtom in sesekljano papriko.

## 76. Maroška omleta

- Čas kuhanja 15 do 30 min
- porcije 4

**sestavine**

- 2 žlici olivnega olja
- 2 šalotki (na drobno narezani)
- 4 paradižniki (srednji, brez koščic, narezani na kocke)
- 1 čajna žlička Ras el-Hanout (maroška mešanica začimb)
- 8 jajc
- 2 žlici koriandra (svežega, sesekljanega)
- morska sol

- Poper (iz mlina)

**priprava**

1. V ponvi (z železnim ali lesenim ročajem) najprej segrejemo olivno olje. Na njej prepražimo šalotko, dodamo na kocke narezan paradižnik, začinimo z ras el-hanoutom, morsko soljo in poprom.
2. Jajca previdno stepemo v ponev in pečemo v pečici pri 180 °C 8-10 minut. Maroško omleto potresemo s sveže sesekljanim koriandrom in kosmiči morske soli.

## 77. Omleta iz kozjega sira z baziliko

- Čas kuhanja Manj kot 5 min
- Porcije 4

**sestavine**

- 4 jajca
- sol
- poper
- 200 g sira (kozji sir)
- 2 žlici bazilike (grobo sesekljane)
- 60 g masla

**priprava**

2. V skledi za omleto s kozjim sirom razžvrkljamo jajca, jih začinimo s soljo in poprom ter vse skupaj dobro premešamo. Kozji sir narežemo na kocke in zmešamo z jajci skupaj s sveže sesekljano baziliko.
3. V ponvi segrejemo polovico masla, vlijemo polovico jajčne zmesi in ponev zavrtimo, da se zmes enakomerno porazdeli. Ogenj malo zmanjšamo. Pustimo, da se omleta počasi strdi, jo prepognemo po sredini in položimo na segret krožnik.
4. Na enak način pripravimo in postrežemo drugo omleto s kozjim sirom.

## 78. Omleta iz divjega česna

- Čas kuhanja 5 do 15 min
- Obroki: 4

**sestavine**

- 1 pest divjega česna
- 2 mesna paradižnika
- 1/2 bučke
- 8 jajc
- 80 g ementalca (ali drugega gorskega sira)
- 2 vejici timijana
- 3 vejice peteršilja
- maslo
- Repično olje

- sol
- poper (sveže mlet)

**priprava**

1. Liste divjega česna oplaknemo s hladno vodo, osušimo in drobno sesekljamo za omleto divjega česna. Paradižnik in bučko operemo in osušimo, bučkam odstranimo korenine in peclje. Zelenjavo narežemo na kocke.

2. V ponvi segrejemo nekaj masla in repičnega olja, prepražimo na kocke narezano zelenjavo in divji česen. Odstranite s kuhalne plošče.

3. V skledi stepemo jajca in jih začinimo z drobno sesekljanimi zelišči, soljo in poprom. Sedaj vmešamo še grobo nariban sir. V veliki ponvi segrejte olje in vanj vlijte jajčno mešanico. Pustimo, da se rahlo strdi, nanj položimo dušeno zelenjavo in zložimo omleto. Omleto divjega česna enkrat obrnemo, razdelimo na porcije in serviramo na krožnike.

## 79. Omleta s šunko in sirom

**sestavine**

- 1 jajce
- 1/2 žličke moke
- 2 žlici mleka
- 50 g edamca
- 1 rezina(e) šunke (narezane na tanke trakove)
- 1/4 čajne žličke čilija
- sol
- maslo
- 1/2 paradižnika
- 1 vejica (vejice) peteršilja

**priprava**

1. Jajce dobro stepemo. Dodamo sir, mleko, moko, šunko in začimbe ter dobro premešamo.
2. Jajčno zmes vlijemo v segreto, pomaščeno ponev in pustimo, da se strdi. Na vrh položite rezine paradižnika in segrevajte še 1-2 minuti.
3. Okrasite s peteršiljem.

## 80. Domača omleta

- Čas kuhanja 15 do 30 min

**sestavine**

- 3 jajca
- 1 žlica vode (tople)
- 1 žlica moke (zvrhano)
- nekaj peteršilja (sesekljan)
- 1 ščepec soli
- nekaj popra
- 2 žlici čebule (pečene)
- 1 pest slanine (narezana)
- 5 rezin sira (začinjenega)

**priprava**

1. Za skutno omleto najprej zmešamo vse sestavine razen sira.
2. V ponvi (20 cm Ø) segrejte nekaj olja in vlijte testo. Pokrijte in spodnjo stran na zmernem ognju rjavo zapecite. Zgornja stran mora biti čvrsta, preden jo obrnete.
3. Ko ga obrnete, prerežite na pol, po eni strani pokrijte s sirom in pustite, da se sir stopi. Pustimo, da spodnja stran ponovno porjavi. Nato obe polovici cottage omlete zložimo skupaj.

## 81. Krompirjeva omleta s sirom

- Čas kuhanja 15 do 30 min
- porcije 4

**sestavine**

- 1 kg krompirja
- 2 čebuli (sesekljani)
- 50-100 g na kocke narezane slanine
- 50-100 g gavde (narezane na majhne kocke ali naribane)
- maslo
- 6 jajc
- sol
- poper

**priprava**

1. Za krompirjevo omleto krompir kuhamo približno 20 minut, ga olupimo in narežemo na rezine.
2. Na malo masla popražimo čebulo in na kocke narezano slanino, dodamo krompir in ga hrustljavo pražimo.
3. Jajca zmešamo z malo soli in popra, vmešamo kocke sira in s to mešanico prelijemo krompir. Pražimo toliko časa, da se zmes zgosti.
4. Končano krompirjevo omleto vzamemo iz ponve, po potrebi okrasimo s peteršiljem in postrežemo.

## 82. omleta z lisičkami

**sestavine**

- 2 stebli mlade čebule
- 2 kos. Čebula
- 2 žlici masla
- 100 g šunke (kuhane)
- 400 g lisičk (svežih)
- Limona (sok)
- sol
- poper
- 1 ščepec muškatnega oreščka
- 2 šopka peteršilja (sesekljan)

*Za omlete:*

- 8 jajc
- 500 ml mleka

- maslo
- 2 šopka drobnjaka (narezana)

**priprava**

1. Za omleto z lisičkami mlado čebulo očistimo z zeleno in narežemo na trakove.
2. Čebulo olupimo in narežemo na drobne kocke. Mlado čebulo in čebulo dušimo na maslu, dokler ne posteklenita. Čebuli dodamo na majhne trakove ali kocke narezano šunko.
3. Lisičke očistimo in poljubno narežemo na majhne koščke. Pokapljamo z malo limoninega soka in dodamo k šunki. Začinimo s soljo, poprom in muškatnim oreščkom ter še naprej pražimo.
4. Po koncu kuhanja še enkrat izdatno začinimo, dodamo peteršilj in pripravimo.
5. Za omlete jajca stepemo z mlekom.
6. Omlete pečemo po porcijah. To storite tako, da mešanico 2 jajc na kratko prepražite na maslu in nato pustite 1-2 minuti pod zaprtim pokrovom.
7. Prelijemo z lisičkovo mešanico, pretlačimo in potresemo z drobnjakom ter damo na mizo.

## 83. Omleta s kozicami

**sestavine**

- 4 jajca
- 1/2 palčke pora
- 1 šopek drobnjaka
- 250 g kozic
- sol
- 1 žlica limoninega soka
- 1 strok (stroki) česna
- poper

**priprava**

1. Za omleto s kozicami por narežemo na manjše koščke.
2. Jajca stepemo, dodamo por, sol in poper. V ponvi segrejemo nekaj masla in dodamo stepeno jajčno zmes.
3. Pustimo, da vzhaja približno 3 minute, nato omleto na kratko obrnemo in pustimo, da se kuha.
4. V ločeni ponvi segrejte nekaj masla.
5. Česen sesekljamo in ga skupaj s kozico na kratko popražimo. Začinite z limoninim sokom, soljo in poprom ter omleto postrezite s kozicami.

## 84. Omleta polnjena s feto

- Priprava: 40 min
- porcije 2

**sestavine**

- 1 šalotka
- 4 jajca
- sol
- poper iz mlinčka
- 4 žlice creme fraiche sira
- 2 žlički gorčice
- 2 žlički limoninega soka
- 2 žlici drobno sesekljane bazilike
- 2 žlici masla

- 100 g
- feta
- bazilika

**Pripravljalni koraki**

6. Šalotko olupimo in drobno sesekljamo. Ločite jajca. Iz beljakov s ščepcem soli stepemo čvrst sneg. Rumenjake stepemo z 2 žlicama creme fraiche, gorčico, limoninim sokom in drobno sesekljano baziliko. Začinimo s soljo in poprom, vmešamo beljakov sneg.

7. V neoprijemljivi ponvi raztopimo polovico masla. Dodamo polovico šalotke in jo podušimo. Dodajte polovico mešanice za omleto in kuhajte 6-8 minut, dokler ni spodnja stran zlato rjava in se površina med pokrivanjem ponve zgosti. Nato ponev odstavimo s štedilnika.

8. Na omleto namažemo 1 žlico creme fraiche in obložimo s polovico nadrobljene fete, začinimo s soljo in poprom ter omleto prepognemo s pomočjo lopatice.

9. Na enak način spečemo drugo omleto (lahko v drugi ponvi).

10. Omlete naložimo na krožnike in postrežemo okrašene z baziliko.

## 85. Omleta s sadjem

- priprava: do 30 minut
- porcije 2

**Sestavine:**

- 6 jajc
- 1 čajna žlička pšeničnega zdroba
- 0,5 skodelice mleka 2%
- sol
- šopek drobnjaka

SADJE:

- 6 banan

- 1 skodelica borovnic

**priprava:**

3. Banane in jagodičevje operemo in odcedimo od vode. Banani odstranite konce, jih olupite, meso narežite na tanke rezine in položite na krožnik.

*Pripravite omleto:*

4. jajca razbijemo v skodelico, vanje vlijemo mleko, dodamo moko, ščepec soli in drobno nasekljan drobnjak. Vse skupaj dobro premešamo z vilicami, nato stresemo v segreto ponev brez maščobe in pražimo na zmernem ognju, dokler se jajčka popolnoma ne strdijo. Nato odstavite z ognja in dodajte bananam na krožniku. Vse skupaj potresemo z borovnicami.

## 86. Omleta s špageti

**Sestavine**

- 5 jajc
- 150 g špagetov
- 30 g parmezana (sveže naribanega)
- 30 g masla
- 1 ščepec muškatnega oreščka (nariban)
- Morska sol
- poper

**Priprava**

1. Špagete po želji skuhamo in precedimo po embalaži.

2. V skledi stepemo jajca. Vmešamo parmezan in začinimo s soljo, poprom in ščepcem muškatnega oreščka.
3. Vmešajte kuhane špagete in dobro premešajte.
4. V ponvi prepražimo polovico masla in na njem brez mešanja zlato segrejemo mešanico testenin.
5. Na vrhu omlete stopite preostalo maslo. Omleto obrnemo in hrustljavo popečemo še drugo stran.
6. Porciraj in postrezi vroče.

## 87. Zeliščna omleta

**Sestavine**

- 12 jajc
- 12 žlic zelišč (po vaši izbiri, opranih, drobno sesekljanih)
- 6 žlic masla
- 1 žlica moke
- 1/8 l mleka
- sol
- poper
- 2 žlici parmezana (ali drugega trdega sira po okusu)

**Priprava**

1. V ponvi za zeliščno omleto najprej raztopimo maslo in na majhnem ognju rahlo dušimo zelišča. Pozor: Zelišča nikakor ne smejo porjaveti!

2. V tem času vmešamo jajca s soljo, poprom, parmezanom, moko in mlekom v tekočo maso za palačinke. Previdno prelijemo čez zelišča, dobro premešamo. Ko se na spodnji strani naredi čvrsta skorjica, testo obrnemo in spečemo. (Po okusu dodamo malo masla, da tudi druga stran postane hrustljava.)

3. Zeliščno omleto razporedimo in postrežemo na krožnike.

## 88. Vrtne sveže omlete

**Sestavine**

- 1 ⅓ skodelice grobo narezanega paradižnika, odcedite
- 1 skodelica grobo sesekljane kumare brez koščic
- Polovico zrelega avokada, razpolovite, odstranite pečke, olupite in nasekljajte
- ½ skodelice grobo sesekljane rdeče čebule (1 srednja)
- 1 strok česna, sesekljan
- Narežemo 2 žlici svežega peteršilja
- 2 žlici rdečega vinskega kisa
- 1 žlica oljčnega olja

- 2 jajci
- 1½ skodelice ohlajenega ali zamrznjenega jajčnega izdelka, odmrznjenega
- ¼ skodelice vode
- 1 žlica narezanega svežega origana ali 1 žlička zdrobljenega posušenega origana
- ¼ čajne žličke soli
- ¼ čajne žličke mletega črnega popra
- ⅛ čajne žličke zdrobljene rdeče paprike
- ¼ skodelice zdrobljenega feta sira z manj maščobe

## Priprava

1. Za salso zmešajte paradižnike, kumare, avokado, čebulo, česen, peteršilj, kis in 1 čajno žličko olja v srednji skledi.
2. V srednji skledi stepite jajca, jajčni izdelek, vodo, origano, sol in črni poper ter zdrobite rdečo papriko. Za vsako omleto segrejte 1/2 čajne žličke preostalega olja na zmernem ognju v 8-palčni ponvi proti prijemanju. Ponev z 1/2 skodelice jajčne mešanice. Jajca mešajte z lopatko, dokler zmes ne izgleda kot ocvrti koščki jajca, obdani s tekočino. Nehajte mešati, vendar nadaljujte s kuhanjem, dokler jajce ne strdi. 1/3 skodelice salse nanesite na eno stran

mešanice ocvrtih jajc. Odstranite omleto iz ponve; kratno prepolnjenje. Ponovite, da naredite skupno štiri omlete.

3. Postrezite vsako omleto z eno četrtino ostanka salse. Z vsako omleto potresemo po 1 žlico feta sira.

## 89. Avokadov toast in omleta

**Sestavina**

- 1 srednje zrel avokado
- 2 žlici limetinega soka ali po okusu
- 1-2 drobno nasekljan svež drobnjak
- 3/4 žličke košer soli ali po okusu
- 3/4 žličke sveže mletega črnega popra, okus
- Dve rezini obrtniškega kruha (debel kruh je učinkovitejši in se včasih imenuje "teksaški toast" ali "francoski toast")
- 2 žlici nesoljenega masla
- 2 veliki jajci
- Pokusite sol in sveže mlet črni poper

**Navodila**

1. Dodajte avokado, limetin sok, drobnjak, košer sol, sveže mlet črni poper, pretlačite avokado z vilicami in zmešajte z vilicami v srednji skledi; na stran.
2. Iz sredine vsake rezine kruha z modelčkom za piškote ali kozarcem izrežite 2,5 do 3" krog.
3. Dodamo maslo in kuhamo na srednje nizkem ognju, da se stopi v veliki ponvi proti prijemanju.
4. Priložite jajce, kroge jajc in pecite na prvi strani do zlato rjave barve, približno 1 do 2 minuti.
5. Vse skupaj obrnemo, v luknjico kruha razbijemo jajce, jajca pa začinimo s soljo in poprom.
6. Ponev pokrijte in kuhajte 3 do 6 minut, dokler ne potrebujete jajc. Kruhove kroge skuhajte hitreje kot jajca (v približno 1 do 2 minutah); jih vzemite iz ponve, takoj ko zlato porjavijo in jih položite na krožnik. Jajce položite v jamico in položite na krožnik.
7. Mešanico avokada enakomerno porazdelite po krogih kruha in jajca ter takoj postrezite. Recept je hladnejši in svež močnejši.

## 90. Omleta iz bučk z zelišči

**sestavine**

- 300 g manjše kolerabe (1 manjša koleraba)
- 1 žlica jabolčnega kisa
- 1 žlica orehovega olja
- 2 jajci
- sol
- 125 g bučk (0,5 bučke)
- 1 steblo kopra
- 1 steblo peteršilja
- 1 zemljevid. posušen timijan
- poper
- 100 g češnjevih paradižnikov
- 2 žlici olivnega olja

- 15 g pinjol (1 žlica)
- 10 g naribanega parmezana (1 žlica; 30% maščobe v suhi snovi)

## Pripravljalni koraki

1. Kolerabo očistimo, operemo, olupimo, narežemo na zelo drobne rezine, premešamo in odstavimo s kisom in orehovim oljem.
2. Medtem v skledi stepemo, solimo in stepemo jajca. Bučke očistimo, operemo in narežemo na tanke rezine. Peteršilj in koper operemo in otresemo do suhega. Peteršilj in polovico kopra sesekljajte, timijan in poper nanesite na jajca ter začinite z.
3. Operite paradižnik s češnjami. V ponvi segrejte eno čajno žličko olja. Dodajte češnjeve paradižnike in pražite na srednjem ognju 4 minute. Odstranite in odstavite iz ponve.
4. V ponev damo rezine bučk, ki jih na srednjem ognju pražimo 4 minute. Vlijemo mešanico jajc in pustimo, da se ohladi 4-5 minut.
5. Omleto prepognemo, na krožnik položimo marinirano valovito kolerabo in obložimo zraven. Dodajte paradižnik in omleto

potresite s pinjolami, parmezanom in preostalim koprom.

## 91. Polnozrnat kruh z omleto in pečenim fižolom

**sestavine**

- 400 g pečenega fižola (iz pločevinke)
- 3 stebla peteršilja
- 6 jajc
- sol
- poper
- 2 žlici masla
- 200 g kumar
- 4. paradižnik

- 4 rezine polnozrnatega kruha

**Pripravljalni koraki**

1. Pečen fižol damo v ponev in segrevamo na zmernem ognju.
2. Medtem operemo peteršilj, ga otresemo, drobno sesekljamo in stepemo z jajci, soljo in poprom.
3. V premazani posodi segrejemo maslo. Dodamo jajca in pustimo kuhati na zmernem ognju.
4. Kumaro očistimo, operemo in narežemo na tanke rezine. Paradižnik očistimo, operemo in narežemo. Aranžirajte kruh s pečenim fižolom, omleto, kumaro in paradižnikom.

## 92. Omleta iz špargljev in šunke s krompirjem in peteršiljem

**sestavine**

- 200 g mladega krompirja
- sol
- 150 g belih špargljev
- 1 čebula
- 50 g bresaola (italijanska goveja šunka)
- 2 stebli peteršilja
- 3 jajca
- 1 žlica repičnega olja
- poper

## Pripravljalni koraki

1. Krompir dobro operemo. Kuhamo v vreli slani vodi cca. 20 minut, odcedite in pustite, da se ohladi. Medtem ko se krompir kuha, olupimo šparglje, jim odrežemo spodnje olesenele konce. Šparglje kuhamo v slanem kropu približno 15 minut, poberemo iz vode, dobro odcedimo in pustimo, da se ohladijo. Čebulo olupimo in drobno sesekljamo.
2. Šparglje in krompir narežemo na majhne koščke.
3. Bresaolo narežemo na trakove.
4. Peteršilj operemo, otresemo do suhega, osmukamo liste in sesekljamo. V skledi stepemo jajca in jih zmešamo s sesekljanim peteršiljem.
5. V premazani ponvi segrejte olje in na srednje visoki temperaturi prepražite čebulne kocke, dokler ne posteklenijo.
6. Dodamo krompir in pražimo še 2 minuti.
7. Dodamo šparglje in pražimo 1 minuto.
8. Dodajte bresaolo in vse skupaj začinite s soljo in poprom.

9. V ponev damo jajca in pokrijemo ter dušimo 5-6 minut na majhnem ognju. Padejo iz pekača in takoj postrežejo.

## 93. Omleta iz kozjega sira z rukolo in paradižnikom

- Priprava:  15 minut

**sestavine**

- 4 beljakovine
- 2 jajci
- 1 majhna pest rukole
- 2 paradižnika
- 1 žlička olivnega olja
- sol
- poper
- 50 g mladega kozjega sira

**Pripravljalni koraki**

1. Ločimo 4 jajca in damo beljake v skledo (rumenjake uporabimo drugje). Dodamo preostali 2 jajci in vse skupaj stepemo z metlico.
2. Rukolo operemo, osušimo in z velikim nožem grobo nasekljamo.
3. Paradižnike operemo, stebla zagozdimo, paradižnike pa narežemo na rezine.
4. Segrejemo obloženo ponev (24 cm) in namažemo z oljem.
5. Dodamo stepeno jajčno zmes. Začinimo s soljo in poprom.
6. Malo zapečemo na zmernem ognju (jajce naj bo še malo tekoče) in obrnemo na krožniku.
7. Čez omleto s prsti nadrobimo kozji sir. Omleto preložimo na krožnik, nanjo položimo rezine paradižnika in potresemo rukolo. Zraven se odlično poda polnozrnati toast.

## 94. Sirna omleta z zelišči

- Priprava: 5 min
- kuhanje v 20 min

**sestavine**
- 3 stebla čebulice
- 3 stebla bazilike
- 20 g parmezana
- 1 šalotka
- 8 jajc
- 2 žlici creme fraiche sira
- 1 žlica masla
- 150 g ovčjega sira
- sol
- poper

**Pripravljalni koraki**

1. Čebuliček in baziliko operemo, otresemo do suhega in grobo sesekljamo. Naribamo parmezan. Šalotko olupimo in na drobno narežemo. Jajca stepemo s kremo, parmezanom, krebuljico in polovico bazilike.

2. V ponvi stopimo maslo, prepražimo šalotko, prilijemo jajca in zdrobimo feta sir. Pečemo v predhodno ogreti pečici na 200 °C (konvekcija 180 °C, plin: stopnja 3) približno 10 minut do zlato rjave barve.

3. Odstranite iz pečice, začinite s soljo in poprom, potresite s preostalo baziliko in uživajte.

## 95. Tunina omleta

**sestavine**
- 1 kanček mleka
- 0,5 pločevinke tune
- 0,5 čebule (majhne)
- nekaj bazilike
- nekaj origana
- nekaj soli

**priprava**
1. Jajca za tunino omleto stepemo s kančkom mleka ter začinimo s soljo in poprom. V ponvi segrejemo olje in dodamo jajčno mešanico.
2. Pustite, da se strdi nekaj minut. Nato po vrhu razporedite tunino in čebulne kolobarje.

Na koncu po vrhu potresemo malo bazilike in origana.

## 96. Omleta z mesno štruco

**sestavine**
- 3 žlice sira (naribanega)
- 1 rezina (rezine) mesne štruce
- 1 čebula (majhna)
- sol
- drobnjak
- Olje (za cvrtje)

**priprava**
1. Za omleto z mesno štruco najprej razbijte jajca in stepite. Nato narežemo mesno štruco na majhne koščke. Na koncu na drobne trakove narežemo čebulo.

2. V ponvi segrejemo olje in popečemo mesno štruco. Prelijemo z jajci in pustimo, da se malo strdi. Potresemo nariban sir, položimo na trakove čebule in do konca popražimo.
3. Posolimo in popopramo ter potresemo z drobnjakom.

## 97. Zdrava omleta

**sestavine**
- 4 kom jajca
- 1 paradižnik
- 1 čebula (majhna)
- 1 strok česna (majhen)
- Zelišča (sveža, bazilika ali drobnjak)
- Začimba paprika
- sol
- Poper (mlin za reklame)

**priprava**

1. V skledi zmešamo jajca in dodamo sesekljana zelišča, malo paprike, soli in popra za omleto.
2. Paradižnik in čebulo narežemo na kocke. Zdaj na olju ali maslu prepražimo čebulo, da postekleni. Nato dodamo paradižnik in česen ter še na kratko pražimo.
3. Nato vsebino ponve dodamo k jajcem v skledi in vse premešamo. Polovico prepražimo na zmernem ognju, da dobimo omleto.
4. Ko je omleta popečena na eni strani (in obrnjena), jo lahko po želji potresete s sirom in nato omleto prepognete.
5. Nato naredimo enako z ostalo maso. Na koncu omleto razporedimo in postrežemo.

## 98. Pica omleta

**sestavine**

Za omleto:
- 3 jajca (bio, m)
- 1 žlica mineralne vode
- 1 kos mleka (organsko)
- 1/2 čajne žličke soli
- Poper (iz mlina)
- 1 čajna žlička masla (organsko)

Za pokritost:
- 1 kos paradižnika (bio)
- 50 g fete (bio)
- 1/2 mocarele (bio)
- bazilika
- Zelišča (po želji)

**priprava**

1. Paradižnik in mocarelo narežemo na rezine, feto rahlo nadrobimo, baziliko grobo narežemo na trakove. Sveža zelišča sesekljajte. Vse sestavine za omleto stepemo.
2. V manjši kozici segrejemo maslo, vlijemo jajčno zmes in pustimo, da se strdi. Ko se jajčna zmes strdi, jo previdno obrnemo in na kratko popečemo še na drugi strani.
3. Pečico segrejte na pribl. 200 °C zgornji/spodnji grelec. Končano omleto položimo na pekač obložen s papirjem za peko.
4. Omleto prelijemo s preostalimi sestavinami in pečemo približno 10 minut, dokler se sir ne stopi.
5. Razporedite in postrezite pico omleto.

## 99. Omleta z jabolki in slanino

- Čas kuhanja 5 do 15 minut
- Obroki: 2

**sestavine**
- 6 jajc
- 70 ml stepene smetane
- sol
- čili
- 1 čajna žlička drobnjaka
- 1 jabolko
- 150 g slanine

**priprava**

1. Za omleto z jabolki in slanino v ponvi rahlo popražimo narezano slanino , nato jo odstranimo iz ponve in odstavimo.
2. Jabolku odstranimo sredico in ga narežemo na kolobarje cca. 4 mm debeline. Prav tako prepražimo v ponvi.
3. Vmes zmešamo jajca s stepeno smetano in začimbami. Jabolka in slanino vrnemo v ponev, prelijemo z jajčno mešanico in pustimo na zmernem ognju pri zaprti pokrovki vzhajati.
4. Začinimo s sveže naribanim poprom.

## 100. Veganska omleta
- Čas kuhanja 5 do 15 min

- Obroki: 2

**sestavine**
- 1 čebula
- 400 g tofuja
- zelenjava (po okusu)

**priprava**
1. Za vegansko omleto čebulo narežemo na majhne koščke in prepražimo na olju. Popecite zelenjavo (paradižnik, papriko, gobe itd.).
2. Tofu pretlačite v pire s kančkom sojine omake ali vode, soli, popra ali kurkume. Dodamo pasiran tofu, ga prepražimo in

vegansko omleto postrežemo s svežimi kalčki.

# ZAKLJUČEK

Ne pozabite, da so ti recepti enkratni, zato bodite pripravljeni preizkusiti nekaj novih stvari. Upoštevajte tudi, da je slog kuhanja, uporabljen v tej kuharski knjigi, preprost. Torej, čeprav bodo recepti edinstveni in okusni, jih bo enostavno narediti!

www.ingramcontent.com/pod-product-compliance
Ingram Content Group UK Ltd.
Pitfield, Milton Keynes, MK11 3LW, UK
UKHW041845141224
452457UK00012B/666